15分钟打动面试官

OFFER

羡 婕——著

资深HR
给年轻人的
反面试指南

人民邮电出版社
北京

图书在版编目（CIP）数据

15分钟打动面试官：资深HR给年轻人的反面试指南 / 羡婕著. -- 北京：人民邮电出版社，2025. -- ISBN 978-7-115-65832-6

Ⅰ．F272.92-62

中国国家版本馆CIP数据核字第20259PJ346号

内 容 提 要

本书采用结构化的表达方式向求职者介绍如何把握面试主动权，找到好工作。

第1章概括性地介绍了15分钟让面试官觉得"你行"的关键点；第2章具体介绍了求职面试需要做的9项准备工作；第3章具体介绍了求职面试中会用到的4种沟通技巧；第4章到第9章则从实战的角度介绍了当下常见的6种面试类型的应对策略；第10章则列举了16个常见面试难题的应对技巧，从年轻求职者的角度给出应答模板。

本书既站在应聘者的角度进行问题拆解，又充分考虑面试官的面试思路，不仅有典型案例，还有应对策略、应答法则和实战指南，不仅适合刚毕业的读者阅读，也适合想要紧跟时代潮流、有经验的求职者阅读。

◆ 著　　　　　羡　婕
　　责任编辑　刘　姿
　　责任印制　彭志环
◆ 人民邮电出版社出版发行　　北京市丰台区成寿寺路11号
　　邮编　100164　电子邮件　315@ptpress.com.cn
　　网址　https://www.ptpress.com.cn
　　优奇仕印刷河北有限公司印刷
◆ 开本：880×1230　1/32
　　印张：8　　　　　　　　　　　2025年5月第1版
　　字数：200千字　　　　　　　2025年5月河北第1次印刷

定价：69.80元

读者服务热线：(010)81055296　印装质量热线：(010)81055316
反盗版热线：(010)81055315

在二十多年的职场生涯中，从被人面试到面试别人，我经历过各种类型的招聘面试，也见识过形形色色的应聘者。我认为，没有任何一代应聘者如"Z世代"这般清醒。

他们目标明确、擅长学习、懂得规划，最重要的是，重视"反面试"。这些都让他们在面试中拥有更多的主动权和话语权。但也因此，他们很容易陷入"乱花渐欲迷人眼"的茫然。

我希望，我能够用自己二十多年的职场经验（作为被面试的应聘者的经验和作为职业面试官的经验）为大家拨开迷雾，帮助大家把握面试的关键时刻。

在创作本书的时候，我力图消除沉疴，用图片来进行表达，让语言更精练，页面更好看，理论更精准，方法更有用。真希望看到本书的读者会说："没错，你做到了！给你打个80分吧！"

结构化表达在面试中占据主导位置，本书的框架也采取了这种形式。第1章概括性地介绍了15分钟让面试官觉得"你行"的关键点；第2章具体介绍了求职面试需要做的 9 项准备工作；第 3 章具体介绍了求职面试中会用到的 4 种沟通技巧；第 4 章到第 9 章则从实战的角度介绍了当下常见的 6 种面试类型的应对策略，包括行为面试、压力面试、情境面试、经验面试、应变面试、放松面试，既有对问题的拆解，又有对面试官出题思路和典型案例的分析，同时给出应对策略、应答法则和实战指南；第 10 章列举了 16 个常见面试难题的应对技巧，从年轻求职者的角度给出应答模板，给读者提供思考方向和实战参考。

本书虽然是一本"面试指南"，却并不是传统意义上的工具书，本书不仅为读者提供方法论、应答模板等，还引导读者从面试官的视角去看一场面试，去思考每个问题的底层逻辑，去探索更能切中考察重点和更能达成双赢局面的应答方式。如果你在看完本书之后有所收获，那真的是我和编辑老师的荣幸。

出发吧！去面试，去工作，去实现自我价值！

目 录

第 1 章　15 分钟让面试官觉得"你行"

第 2 章　求职面试的 9 项准备工作

第 **3** 章 求职面试的 4 种沟通技巧

第 **4** 章 行为面试的应对策略

第 9 章　放松面试的应对策略

第 10 章　16 个常见面试难题的应对技巧

第 **1** / 章

15 分钟让面试官
觉得"你行"

01　1 分钟预备：快速扫描现场 + 调整自我状态

如果一场面试的时间只有 15 分钟，有必要在现场花 1 分钟预备吗？
答案是非常有必要。

为了这 1 分钟，你最好提前 5~10 分钟到场。候场期间，不要只
顾低头玩手机，要善于利用这段时间主动出击。这是应聘者进行反向
面试的第一步。

🔵　快速扫描现场

在线上沟通成为主流沟通方式的时代，线下面试的重要性更多地
体现在实地考察上。相对于紧张的面试过程，候场时间无疑更有利于
快速观察周围环境，获得有效信息。

那么，面试前快速扫描现场应该重点关注哪些信息呢？具体如
图 1-1 所示。

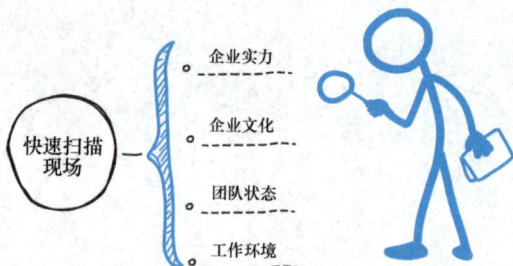

图 1-1　快速扫描现场

　　企业实力：一般情况下，鲜有企业会把经营资质，包括营业执照、专业资质证书等挂出来，应聘者进入企业后要通过观察企业的装修、办公设备和会议室的布置等来判断企业的实力。有些企业会把企业所获奖项和表彰等摆放在用来面试的会议室里，目的就是让应聘者通过这些信息对企业的资质、规模和发展历程有大致的了解。应聘者要想对企业的经营资质，特别是营业执照，进行了解，可以在面试前通过网络平台进行查询，然后通过现场观察对企业实力进行交叉验证。

　　企业文化：应聘者可以通过观察企业墙壁上张贴的理念、口号、团队照片、通知公告等信息，对其企业文化有初步的了解。

　　团队状态：应聘者进入企业的工作区后，可以通过观察员工的衣着、动作、表情、走路的速度，以及彼此沟通的氛围等，对工作氛围、员工素质做出初步的判断。

　　工作环境：应聘者可以从办公环境是否整洁、员工办公桌布置是否有特色等方面，了解企业的管理风格和文化氛围。

　　这些看似琐碎的信息，足以帮助你快速判断这家企业给你的感觉如何，是不是符合你的期待，值不值得你加入。这个初步判断也决定了你接下来的面试表现。

　　如果你已经判断这家企业不符合期待、不值得加入，那么就不必再浪费自己和 HR 的时间。但也不建议直接转身离开，那样是对自己和 HR 的不尊重，建议先针对还存疑的问题与 HR 进行简单沟通再做最终决定。

如果你已经判断这家企业符合期待、值得加入，那么就要打起精神、好好表现，而通过快速扫描现场获得的一些信息可以作为面试沟通的素材，用以充分展示你的临场应变能力。

调整自我状态

对习惯线上交流的"Z 世代"来说，面对面交流本身就足以让他们感到紧张，再加上面试具有"考试"性质，更让他们感到畏惧。"道理我都懂，但该害怕的时候还是会害怕"几乎成为很大一部分"Z 世代"应聘者的心声。

紧张、害怕是正常的心理反应。应聘者需要做的是调整这种心理状态，让自己可以顺利完成面试。尤其对已经到达现场，即将开始面试的应聘者来说，通过几个小动作或许就可以缓解紧张的情绪。

深呼吸：研究表明，深呼吸能有效缓解紧张的心情。用鼻子吸气，慢慢地让空气流经自己的肺部，再慢慢地用鼻子呼气，并轻轻地说声"放松"，只要几秒就可以放松自己紧张的心情。

伸懒腰：伸懒腰可以促进血液循环，舒展紧绷的身体，帮助大脑缓解压力，放松心情。

深呼吸和伸懒腰可以从生理上让你放松下来，而心理上的紧张则可以通过语言暗示来调整。

调整心态的语言暗示

"80% 的人在面试时都会紧张，这是正常的。"

"既然公司给了我面试的机会，那就说明我还不错。接下来，是我进行反向面试的时候了！"

"面试是双向选择，被拒绝也是正常的，我值得更好的。"

"一次面试不能代表什么，还有更好的机会在等我！"

"我就是最棒的！我就是最棒的！我就是最棒的！"

动作和语言暗示，通常只需要十几秒的时间就可以帮助你缓解一部分紧张情绪。当然，效果因人而异，可能有人只缓解了 1%，有人却能缓解 100%。如果你还是感觉很紧张，那就采取一个直接的办法——微笑并慢一点说话。

人一旦紧张就很容易陷入表情紧绷、说话快的状态，越紧绷越紧张，说话越快越容易出错，这会形成恶性循环。

在开口说话之前，你不妨提醒自己微笑，放松一下紧绷的肌肉，然后尽可能放慢语速，想清楚再说，避免出错。这样你就会慢慢进入一种表达顺畅的状态，越顺畅越放松，这会形成良性循环。

如此，便开始面试吧！

02　1 分钟介绍：突出记忆点 + 个人与岗位匹配度

"先介绍一下你自己吧！"

有相当一部分的面试官会用这句话开场。然而，有很多应聘者会腹诽：简历上都写着呢，为什么还让我介绍？

事实上，当面试官让你做自我介绍的时候，其内心的想法可能是这样的。

> **面试官要求你做自我介绍时的真实想法**
>
> "之前匆忙看了一眼简历，早忘记了！"
>
> "一个小时前才接到面试的通知，压根儿没时间看简历。"
>
> "给你一个主动表现的机会，想听到一些简历上没有提到的亮点。"
>
> "看看你的临场表达能力如何。"

无论如何，自我介绍都是面试中非常关键的一环，切不可大意失荆州。既要调整心态，认真应对自我介绍环节；又要掌握技巧，避免在自我介绍中给自己"埋雷"。

自我介绍中常见的"雷"有三个：

死记硬背简历信息；

长篇大论，说不到重点；

过度包装，没有事例佐证。

绕过"雷"区，如何做自我介绍才能一击即中呢？关键在于两点：记忆点和匹配度。面试官真正想知道的无疑就两个问题：你是谁？你能干什么？那么，应聘者只要在自我介绍中讲清楚这两点就行了。

控制时间是面试的铁律，如果你把自我介绍当成一场演说，慷慨激昂地从小时候开始说起，恐怕没等你讲到上小学，面试官就拂袖而去了。在一场时长 15 分钟左右的面试中，自我介绍的时长应控制在 1 分钟左右。那么，如何在 1 分钟之内做完美的自我展示呢？"三段论" 是比较稳妥的策略。

开场：问好 + 亮点

一定要先问好！有些应聘者可能因为紧张，或者日常没有向他人问好的习惯，直接开始介绍 "我叫张三，我毕业于 ×× 大学……" 这有点像考试时老师绞尽脑汁给你出送分题，你却没有拿到分，事后懊悔是无用的。

为了避免自己忘记问好，可以把 "面试官您好！" 设为固定的开场白。没有人会对有礼貌的人产生不好的印象。

问好之后就正式进入自我介绍环节，姓名、学历、毕业院校、专业背景等基础信息在简历上都会有所体现，所以你不必照本宣科地再背一遍。此刻你需要介绍的是这些信息中能够让面试官眼前一亮的那个点，可以是你的特长、拔尖的成果等。

如果你有工作经验，那就亮出最值得你骄傲的业绩。

有工作经验的应聘者自我介绍开场模板

面试官您好！（问好）我是张三，毕业于 ×× 财经大学财务管理专业，应聘的是财务经理岗位。（介绍）我过去在工作

中主要负责公司的税务筹划和财务报表分析。我擅长通过 ×× 手段达成 ×× 结果，帮助公司实现 ×× 目的。（亮点）

如果你没有工作经验，那就亮出你在个人能力素质方面的核心优势。

没有工作经验的应聘者自我介绍开场模板

面试官您好！（问好）我是来自 ×× 大学法学院的王五，曾在全国排名前二十的 ×× 律师事务所实习，（亮点）今天应聘的岗位是律师助理，……

🔵 中场：价值 + 匹配

开场的亮点只能帮你抓住面试官的注意力，让面试官对你建立良好的第一印象，但同时也在对方心中埋下了"他 / 她说的是真的吗？"这个疑问。那么，进入自我介绍的中场，你就要针对亮点展开介绍，一方面通过事例证明自己所言非虚，另一方面进一步展示自己与岗位匹配的能力素养。

如果你有工作经验，就重点对自己亮出的业绩进行价值呈现，例如为公司或团队创造了多少利润、节省了多少成本。同时，也要具体剖析自己从这段经历中得到了哪些方面的提升，而这些提升恰好是你现在应聘的岗位所需要的。

> ### 有工作经验的应聘者自我介绍中场模板
>
> 　　我在任职期间，每年平均为公司节约开支 80 万元。（价值）这些业绩都得益于我对财务报表的深度分析和对国家税收政策的熟悉和了解，相信这些能力也能让我快速胜任贵公司的财务经理一职，再创佳绩。（匹配）

　　如果你没有工作经验，那就针对自己的核心优势进行具体剖析，同时针对应聘岗位的特点补充 1~2 项匹配度较高的能力素养。

> ### 没有工作经验的应聘者自我介绍中场模板
>
> 　　实习期间，我系统了解了律师各项业务的内容及工作程序，在案件复盘、案卷材料整理方面表现尤其出色，被 ×× 律师事务所评为"优秀实习生"（拿出证书展示）。同时，在校学习期间，我掌握了扎实的法律基础知识，并且通过了法律职业资格考试（拿出证书展示）。这些都让我有足够的信心胜任贵公司的律师助理一职。

◗ 结尾：感谢 + 互动

经过中场的介绍，面试官对你已经有了初步的了解，此刻你就要为自我介绍结尾了，至于更多的细节就留给面试官提问吧！

比较常见的结尾是表达感谢，例如"感谢贵公司给予我这次面试的机会，非常期待能够加入贵公司。"

此外，也可以以互动结尾，引出其他话题。例如"今天也希望能够和您多多交流。如果您对我刚才的介绍有疑问，我将展开具体介绍。"

需要注意的是，一定要提前梳理并完善细节，你在自我介绍中突出的亮点要能够经得起面试官的追问。

03　12 分钟问答：见招拆招 + 反向考察

所谓面试，就是在一问一答间相互考察和了解。问答环节通常会占据整个面试时间的 80%，也就是说 15 分钟的面试中有 12 分钟会被面试官用于问答。

在这 12 分钟里，大部分时间应聘者是回答者，通过回答面试官提出的各种问题来展示自我，但有时应聘者也会以提问者的身份进行反向考察。

◗ 回答者：见招拆招

面试官在问答环节要获取的关键信息通常包括两个方面：一方面是从应聘者的基本素养、性格特质、工作能力、求职动机和求职意向等方面了解应聘者和招聘岗位的匹配度；另一方面是从应聘者职业发展规划，以及对薪酬福利、工作关系和企业文化的期待等方面了解应聘者和企业的匹配度。面试考察重点及常见问题如表 1-1 所示。

表 1-1　面试考察重点及常见问题

基本素养	
面试考察重点	基本素养是指思想品质和道德观念。面试官了解应聘者的基本素养，主要是为了考察应聘者是否具备健全的三观
常见问题	"你如何看待成功？""你觉得要做好一份工作，什么最重要？"等

性格特质	
面试考察重点	对企业来说，招募到一位心智成熟，性格真诚、和善的员工，无论是在工作开展过程中还是在日常相处中，都十分有益
常见问题	"你可以用三个词形容一下自己吗？""你身边的朋友都如何评价你？""如果你的同事诬陷你，你会怎么处理？"等

工作能力	
面试考察重点	了解应聘者是否具备招聘岗位所要求的技能，有助于面试官初步判断应聘者是否能够胜任招聘岗位。具体来说，面试官通常会根据招聘岗位所要求的技能向应聘者发问
常见问题	"你能熟练操作 AutoCAD 吗？你对 AutoCAD 的掌握程度如何？""你的简历上写有'掌握 ×× 技能'，现在你对这一技能的掌握程度如何？"等

求职动机和求职意向	
面试考察重点	面试官了解应聘者的求职动机和求职意向，主要是为了考察应聘者对招聘岗位的熟悉程度、认知程度和加入该岗位的意愿是否强烈，以及应聘者为什么会选择应聘该岗位，应聘者是否已经做好准备等
常见问题	"从你所掌握的信息看，你认为你所应聘的岗位的工作内容主要有哪些？""对于你所应聘的岗位，你认为有哪些可预见的困难？""对于你所应聘的岗位，你觉得你的优势和不足是什么？""你认为该岗位的工作难点和挑战是什么？你打算如何克服它？""你在选择这份工作时，最看重的是什么？"等

职业发展规划	
面试考察重点	面试官了解职业发展规划主要是为了考察应聘者对自己未来发展的设想、对职业生涯的规划能力，以及工作的稳定性。了解职业发展规划，有助于面试官考察应聘者未来是想深深扎根在此行业中，还是只将这份工作当成过渡或者跳板
常见问题	"能说一说你的职业规划吗？""请问，你未来 3~5 年的职业目标是什么呢？""如果给你选择的机会，你最希望 / 有兴趣从事的职业是什么呢？为什么？""你想在工作中实现什么样的追求？你所应聘的岗位能帮助你实现你的追求吗？""如果你现在被录用，你希望工作多久？"等

对薪酬福利的期待	
面试考察重点	面试官开始问应聘者对薪酬福利的期待，通常是因为应聘者在前面的面试环节中表现不错，面试官想要进一步了解企业的薪酬福利政策是否能够满足应聘者的期待
常见问题	"你对工资待遇的想法是什么？""你期待的薪酬范围是什么？""你对薪资待遇的要求是什么？它是你在选择一份工作时，首先考虑的因素吗？"等

对工作关系的期待	
面试考察重点	工作关系是指在工作中上下级以及同级别工作者之间的关系，包括监督关系、汇报关系等。面试官了解应聘者期待的工作关系，有助于确认应聘者是否能与同级或领导友好相处
常见问题	"你喜欢什么样的人际关系？""你希望与一个什么样性格的上司相处？"等

对企业文化的期待	
面试考察重点	面试官了解应聘者对企业文化的想法和期待，一方面是为了考察应聘者喜欢什么样的企业文化，另一方面是为了判断应聘者如果加入企业是否能够很快地融入团队
常见问题	"你希望企业拥有什么样的企业文化？""你理想中的企业文化是什么样的？"等

面试官肯定无法对以上信息进行全面考察，通常是结合应聘者的简历和自我介绍，根据招聘岗位的需求，有针对性地对 2~3 个方面进

行重点提问。但是，对应聘者来说，却需要对以上几个方面做充分准备，对于简历和自我介绍中突出的亮点更要做到内容详尽、细节具体。

最重要的是，应聘者准备的每一个答案都一定要是真实的，否则即使通过面试，上岗之后也可能会发现自己不适合该岗位，不得不换工作，这样显然得不偿失。

王军的性格比较内向，不喜欢与陌生人交流，为了迎合岗位对社交能力的考察，在面试中强调自己善于与陌生人交流，结果入职后每天都要和陌生人打交道，这让王军感到非常痛苦。

工作一段时间之后，王军的业绩很不理想，领导不断给他施加压力，这让他倍感焦虑，只能辞职。

对面试官真诚不仅是对企业负责，更是对自己的职业生涯负责。找工作的目的一定不是"找一份工作"，而是"找一份适合自己的工作"。所以，真实坦诚地表达自我，是应聘者在面试的过程中应该始终坚持的态度。

提问者：反向考察

在问答环节的最后，面试官通常会问应聘者"你还有什么问题吗？"这个时候，应聘者一定要快速转变角色，反客为主，通过提出一个好的问题来抓住反向考察的机会。反向考察重点及常见问题如表 1-2 所示。

表 1-2　反向考察重点及常见问题

问工作	
反向考察重点	该职位的发展前景如何，有多大的晋升空间；公司对你的预期和要求

问工作	
常见问题	"这个岗位为什么会空缺?""如果我有幸被录取,在我入职后的第一个月,公司最希望我做的三件事是什么?""如果我有幸入职,针对这个岗位,您对我未来三年的职业规划的建议是什么呢?""您希望您的下属具备哪些核心素质?""公司考核这个岗位的员工的指标有哪些?"等
问团队	
反向考察重点	该团队是否是你期待加入的;你是否适合该团队
常见问题	"您认为什么样的员工最适合您的团队?""您的团队里最出色的职员是什么样的?""您觉得您的团队的氛围怎么样?""在具体工作分工上,您的团队中是否有资深的前辈能够带领新员工,并且让新员工有发挥的机会?"等
问培训	
反向考察重点	试用期限和培训机会的规定是否符合自己的期待
常见问题	"公司在试用期限和培训机会方面是怎么规定的呢?""公司对新员工是否有正式或非正式的培训计划?""公司常规的培训项目有哪些?"等
问后续	
反向考察重点	了解自己通过面试的可能性有多大;了解公司的招聘流程是否规范;争取面试官带自己参观公司的机会
常见问题	"经过刚才的沟通,您觉得可能会导致我无法胜任这份工作的是什么?""接下来的流程怎么安排呢?""面试结束前您能带我参观一下公司吗?"等

向面试官提问的技巧在第 3 章中还会进行介绍,这里需要提醒的是,尊重每个人的时间,不管是面试官的还是应聘者的。花费两三分钟的时间提出两三个问题是比较合适的,不要试图把自己想知道的都问一遍。

此外，你也可以在面试过程中恰当地进行反问，并不是非要等到面试官问你"还有什么问题吗？"的时候再问。很多时候，主动出击可能比被动应答效果更好。

04   1 分钟离场：询问面试结果 + 真诚表达感谢

即便 15 分钟的面试很紧凑，仍然有不少面试官愿意花 1 分钟的时间来结束面试。如果你遇到的面试官草草结束面试，那你首先要考虑的是对方办事是否妥善、说的信息是否可信、这家公司是否值得加入，其次才考虑面试官可能对你的表现不满意、你可能没有通过面试。

无论是以上两种情况中的哪一种，你在心里都应该真正结束这场面试，奔赴下一个目标。但如果面试官给了你 1 分钟的时间来结束面试，你就一定要抓住最后的 1 分钟，为这次面试画上圆满的句号。

● 询问面试结果

在即将结束面试时，面试官通常会再次确认应聘者是否还有疑问，例如会问"还有其他问题吗？""是否还有想问的问题？"等。如果面试官在上一个环节中已经问过"你还有其他问题吗"并且做了具体的解答，那么这个问题可能就是在暗示应聘者"可以结束面试了"。这个时候应聘者可以直接回答"没有了"，以快速结束面试，也可以委婉地询问面试结果。

对于询问面试结果，很多应聘者会有一个误区，觉得面试还没结束就主动询问结果会很被动，显得自己太心急，让对方觉得自己没有其他工作机会。事实上，主动询问面试结果的应聘者反而更受面试官的青睐。主动询问面试结果一方面体现该应聘者比较重视这次面试，加入公司的意愿比较强烈；另一方面也体现该应聘者做事具有较强的规划性，这是很重要的一个加分项。但是，如何得体地问、巧妙地问，还需要应聘者仔细考量。

现场询问面试结果比较常见的提问方式是"表达期待 + 委婉询问"。例如，"今天和您的交流令我获益匪浅，非常期待和您一起共事。冒昧问一下，我的面试结果最晚什么时候可以确定下来呢？"

你虽然问了，但是面试官不一定会给出明确的答复，因为招聘是几个部门协作的任务，并不是某一个面试官可以直接决定是否录用你的。即使是只有几个人的小微公司，总经理兼任 HR 亲自招聘，没有其他面试官参与，他可能也需要通过对所有应聘者进行对比考察来决定录用哪些人。所以，不要抱着"今天一定要知道答案"的心态询问面试结果，同时你也要能够从面试官的回答中听出言外之意，对面试结果有一个初步的判断。面试官的回答及其可能的言外之意如表 1-3 所示。

表 1-3　面试官的回答及其可能的言外之意

面试官的回答	言外之意
"感谢你付出时间，面试结果我会让 HR 通知你。"	你的表现让我不太满意，但是得罪你的事还是交给 HR 来做吧
"面试结果会在 1 周内 / 下周通知你。"	你通过面试的可能性不大，但可以作为备选
"我们会在周 × 下班之前给你答复。"	你的表现中规中矩，等面试完这一批候选人再决定吧

续表

面试官的回答	言外之意
"我们大概会在 3 个工作日内给你答复，请你耐心等待通知。"	你表现得还不错，基本通过了面试，但还需要和其他部门商量一下，或者还有其他候选人没有面试，需要再筛选一下
"具体要看用工部门的反馈，有消息马上通知你。"	你已经通过了我（HR 或大领导）的考察，但还要听一下你未来直属领导的意见
"我们会尽快联系你，最晚明天给你答复。"	基本确定录取你了，除非有特殊情况

如果面试官对你非常满意，或者你已经通过面试，通常当天或次日就能出结果；如果面试官在多个候选人之间犹豫，需要进一步筛选，通常会回答 "3~5 个工作日出结果"；如果面试官对你的表现不太满意，你通过面试的可能性很小，通常不会给出明确的答复时间，或者回答 "1 周内 / 下周出结果"。当然，招聘流程比较复杂的上市公司、国有企业、事业单位等属于例外情况。

无论如何，只要你问了，面试官就一定会给你一个回答。所以，大胆地问一下面试结果，你会有意想不到的收获，除非你已经确定自己对这份工作不抱期待。

🔵 真诚表达感谢

一旦面试官回答完最后一个问题，你们就面临告别了。简单地说一句 "谢谢"，转身就走，是不少应聘者的告别方式，这容易让面试官产生 "不太礼貌" 的感觉。

> ## 面试结束，应聘者告别的高级表达
>
> "再次感谢您给予我宝贵的时间和机会。我衷心希望能够加入贵公司这样具有远见和领导力的团队，与大家共同成长、共同取得卓越的成绩。"
>
> "我非常期待未来的合作机会，并衷心希望成为贵公司的一员，和公司一起为共同的目标努力奋斗。"
>
> "感谢您在面试中给予我的指导和鼓励。通过面试中的交流，我对贵公司的理念和发展方向有了更深刻的了解，并对能够为贵公司带来积极影响充满信心。我期待能够成为贵公司的一员，和公司一起为共同的事业努力奋斗。"
>
> "感谢您的耐心倾听和宝贵建议。无论结果如何，我都认为这次面试是我个人成长中的重要经历，我会持续努力提升自己的能力，并期待加入贵公司。"

应聘者在表达感谢的时候，态度要真诚、自然，不要给面试官造成矫揉造作的感觉，那样只会适得其反。

离开的时候，应聘者从椅子上起身，要注意把椅子归位，动作不要太大，最好不要发出声音；然后，真诚地与面试官道别。

你离场的时候，带走一次性纸杯。顺手把一次性纸杯带出面试的房间，扔进外面的垃圾桶，这是会给面试官留下好印象的细节。

到此，你的 15 分钟面试之旅就结束了。无论结果如何，这都只是你人生中的一次经历。你需要做的是做好复盘和总结，为下一次的面试做好准备。

第

2

章

求职面试的 9 项
准备工作

01　确认信息：与 HR 确认面试关键信息

确认信息似乎是一个微不足道的环节，经常被许多应聘者忽视，但实际上，它是面试准备工作中至关重要的一步。

信息上的错误，例如时间或地址不准确，不仅会影响应聘者的心情和表现，还可能给面试官留下负面印象。因此，对应聘者来说，在进行面试准备工作时，首要且关键的任务是与 HR 确认面试信息（如图 2-1 所示）。

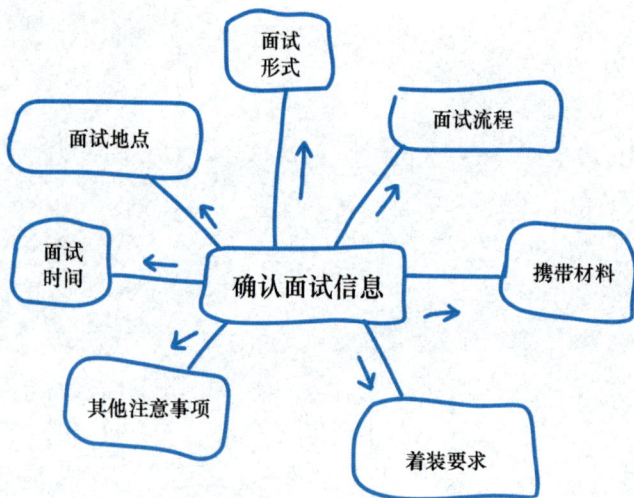

图 2-1　确认面试信息

面试时间

应聘者要跟 HR 确认面试的确切时间，包括开始时间和结束时间，以及中间的休息时间。

应聘者如果有任何时间上的限制或特殊要求，例如需要提前离开或迟到，请务必提前与 HR 进行沟通，以确保双方的时间安排能够顺利协调。这样可以避免因时间安排不当而带来的困扰和误解。

"您好，我是应聘 ×××× （职位名称）的 ×××（姓名）。非常感谢您给我面试的机会。我想确认一下面试的具体时间安排，以确保我能准时参加。请问面试的开始时间是 ××××（说具体时间），结束时间是 ××××（说具体时间）吗，中间是否有休息时间？另外，我想提前说明一下，我可能需要在 ××××（具体时间）离开（或者可能会稍微晚到几分钟），因为我有一些突发情况需要处理。如果您觉得这个时间安排不合适，麻烦您告知我，以便我做出调整。非常感谢您的理解。"

面试地点

在确认面试地点时，应聘者应了解具体的地址、楼层和房间号等信息。如果打算使用公共交通工具，可以向 HR 询问最近的公交站或地铁站，以便提前规划行程。这样可以确保按时到达面试地点，避免因地点不明确或交通问题而耽误时间。

"您好，我想确认一下面试的具体地点，以确保我能准时到达。请问面试的具体地址是 ××××（地址）吗，楼层和房间号是多少呢？另外，我想问一下离面试地点最近的公交站或地铁站是什么？因为我需要乘坐公共交通工具前往面试地点。……感谢您为我提供的帮助。"

面试形式

在询问具体的面试形式时，应聘者应主动询问面试的形式是面对面面试、视频面试还是电话面试。不同的面试形式需要做不同的准备工作。明确面试形式有助于应聘者更好地做好准备，以确保面试顺利进行。

"我想了解一下面试的具体形式。请问这次面试是采用面对面的形式进行，还是通过视频或电话的形式进行？"

面试流程

面试流程信息通常包括有几轮面试、每轮面试的时长和内容等。了解这些信息有助于应聘者更好地预测和准备面试中可能被提问的问题。

"请问面试共有几轮，每轮的时长大概是多久？每轮面试的主题或重点是什么？"

携带材料

在准备面试的过程中，应聘者需要提前向 HR 了解是否需要携带相关材料，如简历、作品集、证书等。如果需要，务必提前准备好这些材料，以免在面试当天出现疏漏。这不仅能展现应聘者的专业素养，也能让其更加自信地面对面试官。

"我想确认一下您是否需要我携带简历、作品集、相关证书或其他材料？如果需要，麻烦您告知我具体的资料清单，我会提前准备好。"

着装要求

了解并遵循公司的着装要求是展示专业形象和态度的重要环节。在准备面试的过程中，应聘者可以主动询问 HR 关于着装的要求。通过与 HR 的沟通，应聘者可以确保自己的着装符合公司的期望，从而给面试官留下良好的印象。

"我想了解一下公司对面试着装是否有要求或规定？如果有，我会遵循公司的着装要求。"

其他注意事项

在准备面试的过程中，应聘者可以向 HR 询问是否有其他需要注意的事项。例如是否需要提前到达进行登记。了解这些细节可以帮助应聘者更好地准备面试，避免出现失误。

02　岗位调研：要求＋需求＋前景＋待遇

深入了解你想应聘的岗位是应聘的前提之一。通过深入了解岗位，你可以更好地评估自己是否适合这个岗位，了解岗位的具体要求和所需技能，以及判断该岗位是否符合你的职业规划和目标。这样不仅可以改善你在面试中的表现，还可以帮助你做出更明智的职业选择。

● 要求：岗位所需的能力和素质

岗位要求是指特定岗位所要求的知识、技能、经验、资格等条件。通过了解岗位要求，应聘者可以评估自身是否具备胜任该岗位的必要条件、能否高效地完成工作任务。

对岗位要求的调研，具体内容可能因岗位而异，但一般来说应该包括以下几个方面（如图 2-2 所示）。

1	岗位职责和任务
2	工作经验和资格要求
3	软技能
4	行业和公司特定要求
5	岗位目标

图 2-2　调研岗位要求

岗位职责和任务。了解该岗位的主要职责和日常任务，以及完成这些任务所需的知识和技能。

工作经验和资格要求。了解该岗位对候选人的工作经验、教育背景、技能证书等方面的要求。

软技能。除了硬性的知识和技能要求外，还应该考虑该岗位对候选人的沟通、协作、解决问题等软技能的要求。

行业和公司特定要求。不同的行业和公司可能会有特定的岗位要求。因此，还应该了解该岗位所在行业的特定要求及公司的特定要求。

岗位目标。了解该岗位的工作目标，有助于应聘者评估自己是否与公司对该岗位的期望相匹配。

需求：岗位的市场需求

了解岗位需求是指对特定岗位在市场上的需求量进行了解。通过了解岗位需求，应聘者可以更准确地评估自己的职业发展方向，选择适合自己的岗位，避免浪费时间和精力。

调研岗位需求可以从行业因素和地域因素两个方面展开（如图 2-3 所示）。

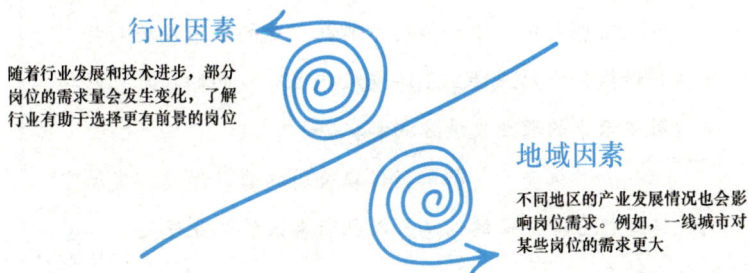

行业因素

随着行业发展和技术进步，部分岗位的需求量会发生变化，了解行业有助于选择更有前景的岗位

地域因素

不同地区的产业发展情况也会影响岗位需求。例如，一线城市对某些岗位的需求更大

图 2-3 调研岗位需求

● 前景：职业发展机会

岗位前景是指某个岗位在未来的市场需求、发展趋势和职业发展机会等方面的状况。对岗位前景进行调研可以帮助应聘者了解该岗位未来的职业发展方向和机会，为制定职业规划提供重要参考。

对岗位前景进行调研，需要关注以下几个方面（如图 2-4 所示）。

图 2-4　调研岗位前景

国家政策。国家政策对行业发展有直接影响，关注政策动向有助于预测岗位前景。

市场需求趋势。了解该岗位所在行业未来的市场需求变化趋势，包括消费者需求、产品创新、技术发展等方面的信息，以评估该岗位的市场潜力和发展前景。

行业发展趋势。了解该岗位所在行业的未来发展趋势，包括竞争格局、产业链上下游发展状况等方面的信息，以判断该岗位未来的职业发展方向和机会。

职业晋升机会。了解该岗位在公司的晋升通道、发展空间及转岗机会等方面的信息，以判断未来的职业发展和晋升机会。

● 待遇：薪资和福利

　　岗位待遇是指某个岗位的薪酬、福利等报酬，以及工作条件等方面的待遇。对岗位待遇进行调研可以帮助应聘者了解该岗位的报酬水平和工作环境等方面的状况，为选择职业发展方向提供参考。

　　对岗位待遇进行调研，需要关注以下几个方面（如图 2-5 所示）。

　　薪资水平

　　福利待遇

　　工作条件

图 2-5　调研岗位待遇

　　薪资水平。了解该岗位的薪酬范围和水平，包括基本工资、绩效工资、奖金等方面的信息，以评估该岗位的报酬竞争力。

　　福利待遇。除了薪资，还要关注公司提供的福利，包括社保、公积金、带薪休假、节日福利、职业培训等方面的内容，以评估该岗位的综合待遇和福利水平。

　　工作条件。了解该岗位的工作环境、工作时间、工作氛围等方面的信息，以评估该岗位的工作条件。

03　公司调研：全面地了解公司情况

任何岗位都是依托公司而存在的，因此应聘者对公司进行深入调研是非常有必要的。

公司调研是全面了解公司情况的重要手段，可以帮助应聘者评估公司的综合实力，为选择职业发展方向和判断公司的发展前景提供重要参考。

一般来说，应聘者可以从以下几个方面对即将去面试的公司进行调研（如图 2-6 所示）。

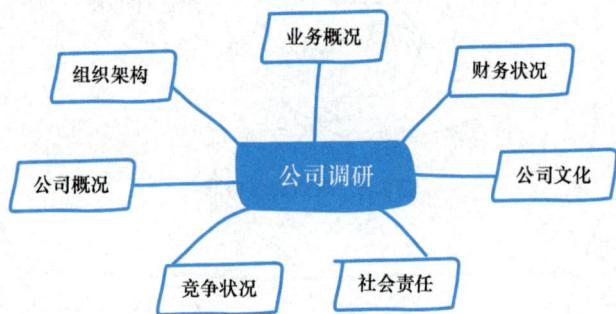

图 2-6　公司调研

● 公司概况

应聘者要了解公司的名称、成立时间、注册地、注册资本，以及经营范围等基本信息。这些信息有助于应聘者初步了解公司的规模、业务领域和市场定位。

例如，应聘者了解到公司成立于 19 世纪，至今已有近 200 年的历史，并且在全球范围内拥有多个分支机构和庞大的员工规模。

这些信息可能意味着公司具有稳定的管理层和成熟的业务流程，同时积累了丰富的行业经验和较高的品牌知名度。如果应聘者希望在一个稳定、有经验、有良好发展机会的公司工作，那么这家大型跨国公司可能是一个很好的选择。

组织架构

应聘者应了解公司的组织架构、部门设置、岗位职责，以及关键团队的背景等方面的信息。这有助于应聘者了解公司的管理体系、运营模式、决策流程等。

例如，应聘者了解到公司的组织架构比较复杂，不同部门之间的协调和合作需要较高的沟通成本。

拥有复杂的组织架构可能意味着公司拥有多个部门和层级，不同部门和层级之间的沟通和协作可能比较困难。如果应聘者不太喜欢这种组织架构，那么就要谨慎考虑是否选择这家公司。

业务概况

应聘者应深入了解公司的主营业务、产品线、市场份额、客户群体，以及竞争格局等方面的信息；同时，关注公司的发展战略、扩张计划和行业地位，以评估公司的业务规模、成长潜力和市场前景。

例如，应聘者发现公司的产品在市场上尚未形成稳定的销售渠道，客户留存率较低，并且竞争对手的产品在功能和价格方面更具优势。同时，公司目前缺乏明确的业务计划和战略规划，导致业务发展存在不确定性。

基于这些信息，应聘者可以判断公司目前面临严峻的业务挑战和发展风险。如果公司无法克服这些挑战，可能会对员工的职业发展产生负面影响。因此，应聘者需要慎重考虑是否选择这家公司。

财务状况

如果可以，应聘者要了解公司的财务状况，如营收、利润、资产、负债等关键财务指标。这些信息有助于应聘者判断公司的经济实力和盈利能力。

例如，通过调查公司的财务状况，应聘者发现公司在过去几年中一直处于亏损状态，并且负债较多，现金储备不足。

考虑到公司目前尚未实现盈利，并且存在较高的财务风险，应聘者需要谨慎考虑是否选择这家公司。

公司文化

应聘者应了解公司的价值观、愿景和使命等方面的信息。这些信息有助于应聘者评估公司的工作氛围和员工文化。

例如，应聘者发现公司的工作氛围非常紧张，员工之间存在较大的竞争压力，并且领导层对员工的创新尝试并不总是给予支持和鼓励。同时，公司缺乏明确的价值观和行为准则，导致员工的行为和决策存在较大的不确定性。

基于这些信息，应聘者可以更加全面地评估公司的价值观、工作氛围和员工之间的互动方式，并评估自己是否能够适应这样的环境。如果应聘者不喜欢这种紧张、压力大的公司文化，那么就要慎重考虑是否选择这家公司。

社会责任

应聘者应了解公司在社会责任方面的表现，包括环保、公益等方面的信息，以评估公司的社会形象和声誉。

例如，应聘者了解到公司致力于提供优质的产品和服务，同时也非常重视员工福利和客户满意度。然而，通过进一步了解公司在社会责任方面的表现，应聘者发现该公司在过去曾因违反劳动法和环境污染问题受到媒体和公众的批评。同时，公司的可持续发展报告中并未明确提到环保措施和可持续发展目标。

虽然公司在商业方面表现良好，但违反劳动法和环境污染问题会损害公司的声誉，并给员工和客户带来负面影响。这个时候应聘者需要权衡公司的商业表现和社会责任表现，并考虑是否愿意为一家缺乏可持续发展理念的公司工作。

竞争状况

应聘者应了解公司所在行业的竞争格局、竞争对手情况，以及公司在市场中的地位等方面的信息，以评估公司的竞争力和发展前景。

例如，应聘者发现公司所在领域的市场存在多个竞争对手，并且竞争对手的产品在功能和价格方面与该公司的产品相似。

应聘者了解到该公司尽管面临竞争压力，仍拥有强大的核心竞争力，包括卓越的技术实力、创新能力等。这些核心竞争力使公司在市场中保持领先地位。

基于这些信息，应聘者应意识到公司面临竞争压力和挑战，但公司具有保持竞争优势的能力。这种情况下，应聘者可以优先考虑这家公司。

对以上信息进行调研可以帮助应聘者更全面地了解公司的情况，做出更明智的职业选择。那么，如何对公司进行调研，获取以上信息呢？应聘者可以通过以下渠道对公司进行调研（如图 2-7 所示）。

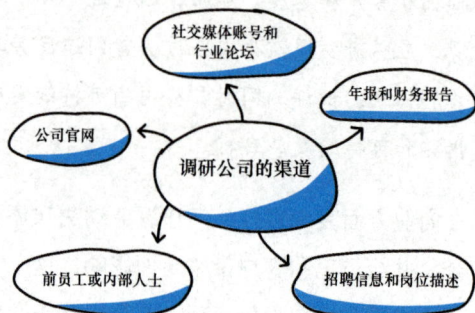

图 2-7　调研公司的渠道

公司官网。访问公司官网，了解公司的基本信息、业务介绍、组织架构和公司文化等内容。

社交媒体账号和行业论坛。关注公司的社交媒体账号和行业论坛，了解员工对公司的评价、公司的最新动态和行业地位等信息。

年报和财务报告。如果公司是上市公司，可以查阅其年报和财务报告，了解公司的经营业绩和财务状况。

招聘信息和岗位描述。仔细阅读公司的招聘信息和岗位描述，了解公司对岗位的要求和期望，从而推断公司的业务重点和发展方向。

前员工或内部人士。尝试与前员工或内部人士交流，获取他们对公司的真实评价和内部信息。

04　行业调研：站在行业高度看前景

如果行业整体表现不佳，即使公司实力强大，也难以避免遭遇瓶颈和困难。因此，应聘者在选择公司和岗位时，不仅要关注公司和岗位本身，还要对行业进行深入的调研。

通过了解行业的发展趋势、市场规模、竞争格局等信息，应聘者可以更好地评估行业的发展前景和职业发展的可能性。

行业发展历程

了解行业的发展历程、当前所处阶段和未来发展方向，有助于应聘者把握行业发展的趋势和未来机会。

例如，应聘者发现该行业经历了多个阶段的发展，从初创期到成熟期，其间经历了多次技术革新和市场变化。同时，应聘者了解到该行业的发展历程中存在一些失败的案例和技术被淘汰的情况。

这表明该行业的风险较大，需要谨慎评估。在这种情况下，应聘者需要深入了解行业的发展历程和失败原因，并选择相对有竞争优势和适应能力的公司进行面试。

◖ 市场规模

了解行业的市场规模、增长速度和市场份额等信息，有助于应聘者判断行业的竞争格局和发展前景。

例如，应聘者发现该行业的市场总规模虽然很大，但市场份额分散，竞争激烈。同时，应聘者了解到该行业市场中有公司已经占据了较大的份额，并且拥有丰富的资源和经验。

这表明该行业的竞争压力较大，公司需要付出巨大的努力才能获得市场份额。在这种情况下，应聘者需要谨慎评估自己的竞争力和该行业的发展前景，并选择相对有优势和竞争力的公司进行面试。

◖ 政策环境

了解与行业相关的政策法规、标准制定和执行情况，有助于应聘者判断行业发展的政策风险和机会。

例如，应聘者了解到国家出台了一系列扶持政策，鼓励某个行业的发展。

这表明该行业可能面临着较好的发展机遇。在这种情况下，应聘者可以评估自己在该行业中的职业发展前景，并选择相应的公司进行面试。

技术创新

了解行业的技术创新和发展趋势，以及新技术对行业的影响和带来的机遇，有助于应聘者判断职业发展的技术方向和技能需求。

例如，应聘者发现该行业技术更新换代非常快，新的技术和产品不断涌现。

这表明该行业处于技术创新的浪潮中，具有较大的发展潜力。在这种情况下，应聘者可以评估自己在该行业中是否能够抓住技术创新的机遇，并选择相应的公司进行面试。

市场需求

了解行业的市场需求变化趋势，有助于应聘者判断行业发展的市场动力和方向。

例如，应聘者发现该行业的市场需求多样化，不同客户群体有不同的需求和偏好。

这表明该行业具有较大的发展空间。在这种情况下，应聘者可以评估自己在该行业中是否能够满足不同消费者的需求，并选择相应的公司进行面试。

产业链上下游发展状况

了解行业的产业链结构和各环节的情况，可以帮助应聘者找到自己在产业链中的位置和机会。

例如，应聘者发现该行业的原材料供应不稳定，供应商的数量和实力有限，导致生产成本波动较大。同时，应聘者还了解到该行业产品的销售渠道有限，与经销商的关系不够紧密。

这表明该行业的稳定性较差，可能面临较大的风险。在这种情况下，应聘者需要谨慎评估该行业的风险和不确定性，并选择相对稳定和有保障的行业和公司进行面试。

对以上信息进行调研可以帮助应聘者更全面地了解行业，做出更明智的职业选择。那么，如何对行业进行调研，获取以上信息呢？应聘者可以通过以下途径对行业进行调研（如图 2-8 所示）。

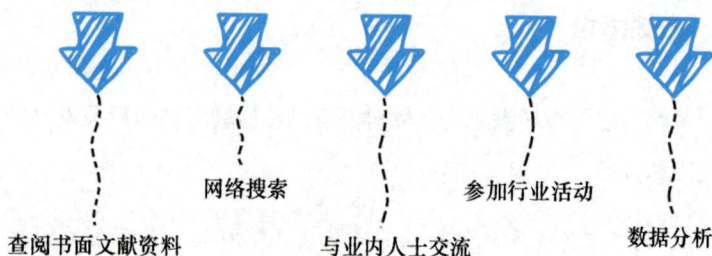

图 2-8 调研行业的渠道

　　查阅书面文献资料。这是最基础的方式。你可以查找行业报告、年鉴、专业图书等，这些都是获取行业信息的宝贵资源。

　　网络搜索。网络是一个巨大的信息库。你可以通过搜索引擎查找相关的新闻报道，行业论坛、社交媒体上的讨论等，这些都能为你提供大量的行业信息。例如，你可以在搜索引擎中输入"××行业未来发展趋势"，查看相关的新闻报道和行业分析。

　　与业内人士交流。与行业内的人士进行交流可以获得一手的行业信息。无论是线上还是线下，都可以尝试与他们进行交流。例如，你可以通过专业论坛、社交媒体等平台与电商行业从业者进行交流，了解他们对该行业的看法和对未来的预测。

　　参加行业活动。参加行业展会、论坛等活动，不仅可以了解最新的行业动态，还可以结交业内的专业人士。

　　数据分析。对于一些特定的行业，数据分析非常重要。你可以通过数据分析工具，分析行业的发展趋势、市场容量、用户行为等数据。例如，如果你想从事电商行业，那么你可以使用电商平台的后台数据，分析消费者的购买行为和喜好，从而预测未来的消费趋势。

05　心态调整：不要紧张，建立自信心

面试，就是一个拼心态的战场。

在这个战场上，你不仅要和其他应聘者拼心态，还要和面试官拼心态。越紧张，越无助；越无助，越无效。所以，在面试前，应聘者的心态调整非常重要。一个积极、自信的心态可以帮助应聘者更好地应对面试中的挑战。心态调整方法如表 2-1 所示。

表 2-1　心态调整方法

自我调整	
充分准备	充分准备是建立自信心的重要前提。这种准备不仅包括对公司背景、岗位要求和常见面试问题的深入了解，还包括对自己回答内容的精心准备。只有这样，你在面试中才不会感到紧张或不知所措，从而更好地展现自己的能力和素质
积极思考	你要相信自己有能力胜任这个岗位，不要让担心和焦虑占据上风。同时，要学会将注意力集中在展示自己的优势和能力上，而不是过分关注自己的不足或被拒绝的可能性
积极暗示	告诉自己"我已经做好了充分的准备，我可以应对任何问题"，可以有效地增强自信心
不要过分关注结果	将面试视为一个展示自己能力和潜力的机会，而不是过分关注结果，能够有效地减轻紧张感
借力调整	
模拟面试	模拟面试可以帮助你熟悉面试流程，减轻紧张感，并发现和改进自己的不足之处。模拟面试可以通过朋友或家人扮演面试官来进行，也可以利用一些模拟面试的软件（如 AI 面试官等）来进行。这些软件可以提供模拟面试的体验，帮助你更好地适应面试的氛围和问题类型，提高应对能力，从而增强自信心

借力调整	
可视化技术	你可以通过手机或相机录制整个面试过程，然后观看自己的面试录像。通过仔细观察录像，你可以发现一些细微但关键的问题，如姿势、表情和语言等方面的问题。这些问题可能是你在面试中没有意识到的问题，却是影响你表现的重要因素。通过找到这些问题并制定相应的改进计划，你可以提升自信心，更好地应对未来的面试
社交媒体	通过关注相关的社交媒体账号，你可以了解到其他人分享的自己的面试经验和技巧，以及人力资源专业人士分享的面试建议。这些经验和建议可以帮助你更好地准备面试，提高应对能力，从而增强自信心
参加行业活动	你可以积极参加一些职业发展活动、网络研讨会或线上社群，与行业内的专业人士进行交流。通过与专业人士的互动和交流，你可以了解行业的最新动态、发展趋势和面试要求。这些经验和知识的积累可以增强你的自信心，让你在面试中更加从容
与信任的人分享	与自己信任的朋友、家人或职业导师分享面试的经历和感受，是增强自信心的重要途径。通过与他们交流，你可以得到鼓励和支持，从而更好地克服紧张情绪，增强对未来面试的自信心

紧张这种心情是绝大多数应聘者都有的，你不必因此自责，更不必强迫自己"应该放松""应该自信"。

正式面试前的所有时刻，都是留给你自我调整的时间。问题的解决方法就是不断尝试，调整面试的心态也是如此。一旦你投出简历，就可以开始为面试做心态调整了。或许一开始效果不那么明显，但只要坚持总会见到效果。

在调整心态这件事上，不要着急，要相信"不断尝试"的力量。

06 资料准备：有针对性地准备简历和证明材料

HR 在招聘时很怕应聘者"空手而来"：简历没带，证书没带，身份证件也没带……

有的人觉得自己在网上已经投递简历了，HR 自己打印简历就好了，何必还让自己再带一份呢？还有的人觉得证书这些信息在简历上都做了说明，即使要查看原件也是入职的时候才需要吧？好巧不巧，恰恰这一次面试 HR 没有打印简历，面试官又没有提前看应聘者的简历，结果现场一问，应聘者什么都没带。

求职面试不是儿戏，切不可凭借"我以为"行事。简历、身份证件、证书等资料，你带了不一定会用到，但是用到的时候不能没有带。

从个人角度来说，完善的资料也会给你带来自信，让你以更饱满的状态投入面试，让面试的通过率大大提升。

● 最新版的简历

每次面试之前最好都根据应聘的企业和岗位的特点，对简历进行完善。面试官拿到一份简历，可能只有几秒的时间查看，所以简历一定要简洁明了，要把和应聘岗位匹配度较高的信息突出显示，和应聘岗位无关的信息则可适当精简。

此外，无论应聘者有工作经验还是没有工作经验，面试官重点查看的都是经历，而不是学历。在经历描述部分，无论是想要体现经历丰富所以写得又臭又长，还是因为没有经验只能简单罗列兼职、实习经历，都是不可取的做法。吸引人的经历描述一定是简单、直接的，同时有数据支撑。

> **简历中的经历描述示例**
>
> "我曾做过电话客服的兼职，平均每天邀约 30 人，在职期间累计电话邀约 2000 人，销售额累计 5 万元。"
>
> "我曾任职新媒体运营。在职期间同时运营抖音、微信视频号、小红书、西瓜视频、头条号等平台的企业账号，平均每周发布 3 条短视频、10 条图文，每周至少出一个'爆款'内容，累计'涨粉'60 万。"
>
> "大学期间我曾和同学一起创办了一个游戏开发工作室，我们用一年时间开发了两个独立小游戏，并在 ×× 比赛中获得了金奖。"

简历设计的一个原则就是能够让面试官一眼就看到亮点，凡是违背这个原则的简历设计都是失败的。亮点背后的故事不必在简历上体现，那是留给面试官提问的空间。

强调与岗位匹配度高的经历，并不代表你可以把其他不相关的经历直接删除。例如，你应聘的是新媒体运营岗位，但是你上一份工作是销售，你只是在大学期间曾自己运营过一个抖音账号，于是，你把上一份工作经历直接删掉，只描述了大学期间运营抖音账号的经历。这种断层的经历描述方式同样不可取，面试官可能会首先注意到断掉的"空窗期"，那你就还要解释一番，反而让你的亮点经历被忽视了。所以，保证学习和工作经历的完整性同样是简历设计中非常重要的一个原则。

建议你每次面试前至少准备三份简历，因为面试顺利的话，当天可能会直接进行二面、终面。此外，简历上应有彩色打印的 1 寸照片，尽量不要用粘贴的照片。你的简历不一定会成为加分项，但这些细节处的用心会让面试官为你的靠谱"点赞"。

证明材料

除了简历之外，你还要为自己的身份、学历、经历、技能、成绩准备相关的证明材料，证明材料明细如表 2-2 所示。

表 2-2　证明材料明细

身份、学历、经历、技能证明材料	
身份证	原件和复印件都要带上
毕业证书	不要只带最高学历的毕业证书，第一学历的毕业证书也要带上，有的 HR 会更关注第一学历；如果没有大学学历，只是高中毕业，也要把高中毕业证书带上
推荐表 / 推荐信 / 离职证明	如果是应届毕业生，学校一般会统一制作推荐表，也会有导师帮忙写推荐信；如果是换工作的职场人士，上一家公司通常会出具离职证明，也会有领导帮忙写推荐信
技术等级证书 / 从业资格证书	如果应聘的是技术岗位，一定要带上技术等级证书；还有一些岗位需要具备一定的从业资格，也要准备好相关的证书，例如应聘编辑岗位，如果具备出版专业技术人员职业资格（中级）会更具优势
成绩证明材料	
荣誉证书	如果是应届毕业生，可以带上成绩单、在学校获得的荣誉证书等；如果是换工作的职场人士，则不建议带在学校获得的荣誉证书，可以带上在职场中获得的"年度优秀员工"等证书，或者在一些技能比赛中获得的奖项
作品	整理和岗位要求或者工作内容相关的作品。例如应聘新媒体运营岗位，可以把自己发表过的热度较高的文章整理成册；再例如应聘产品经理岗位，可以把自己做过的产品运营方案隐去敏感信息之后整理成册

凡事有备无患。在信息化时代这些材料可能用到的机会越来越少，但不能让它们在你有需要的时候成为减分项。

07　形象打造：平衡"我适合"和"应聘需要"

人都喜欢美好的事物，应聘者的形象在面试过程中有较大的影响力。

形象并不是单单指外貌，我们并不否认出色的外貌条件会给个人形象加分，但一个人的形象一定是各种因素综合起来之后给人带来的一种感觉。就像某些知名主播，其外貌并不具有优势，却因为个人的知识底蕴、气度赢得观众的喜爱。

个人形象打造是在已有的外貌条件基础上，对个人气质、穿着打扮、言谈举止的综合提升。对面试场景来说，这种提升既要满足职业、专业的需要，又要符合自身特点。例如，有的人非常不适合穿比较正式的西装，但是为了面试特意买了一套正式的西装，结果反而让整个人看起来很拘谨，面试官可能会以为这个人不够自信；或者有的人追求个性，不喜欢和别人穿一样的衣服，结果穿着奇装异服去面试，面试官可能会认为这个人还没有准备好进入职场工作。

🔵 穿着打扮

一个人的穿着打扮不仅会影响他人对自己的评价，还会影响自己的精神面貌。一个穿得随意邋遢的人，在他人眼中可能是态度敷衍、不认真、不靠谱的，同时自己的精神状态也是放松、懒散的，而这些特性都不适合出现在面试场合。既然你已经准备踏入职场，那就从穿着打扮开始让自己成为职场人士吧!

　　面试官在正式面试的前几秒,通常会通过应聘者的穿着打扮判断应聘者的求职意向度,进而对接下来的面试项目进行适当调整。没有面试官会把时间和精力浪费在一个求职意向度不高的应聘者身上。面试穿着打扮的设计参考如表2-3所示。

表2-3　面试穿着打扮的设计参考

男士面试穿着打扮的设计	
西装/衬衫款式	如果你非常适合穿西装,那就穿款式正式一点的西装;如果你平常没有穿西装的习惯,建议选择休闲款式的西装,试穿效果以自己穿着舒服的同时看起来比较有精神为标准
西装/衬衫颜色	西装一般以蓝色系、黑灰色系为主,深蓝色会显得比较有精神、自信,衬衫最好选择纯色,如果是格纹、条纹,也要选择暗纹,避开花哨、轻佻的颜色,比如米色、白色通常不适合面试场合
皮鞋	和西装/衬衫搭配,以黑色、深棕色为主,降低存在感
袜子	很多人容易忽视袜子,一般搭配皮鞋、西装的袜子要选择中筒、深色的袜子,避免浅口、浅色的袜子
妆容	干净整洁就好,除了一些工作中需要化妆的特殊岗位(演员、主播等),不要化妆,但胡子一定要刮干净或者修整好
头发	发型简单,适合自己,不染浅色,最重要的是头发不油
饰品	除常规款的手表之外,不建议佩戴其他饰品
女士面试穿着打扮的设计	
西装/衬衫款式	不必刻意选择西装套装,得体、合适是最重要的。可以选择衬衫、西裤、过膝铅笔裙、过膝连衣裙等单品进行搭配,宜避开休闲裤、牛仔裤等容易给人留下随意印象的服装
西装/衬衫颜色	西装与衬衫以纯色为宜,最好选择黑、白、灰、蓝等显得干练、专业的颜色,避开粉色、紫色等显得不够稳重、不够专业的颜色
皮鞋	跟高3~5厘米的高跟鞋,款式简单,颜色要和服装搭配

续表

女士面试穿着打扮的设计	
袜子	根据服装、鞋子搭配袜子，如果是搭配西裤则选择中筒、深色的袜子；如果是搭配裙子则选择打底袜
妆容	淡妆为宜；如果你平常习惯化浓妆，也可选择浓妆，只是在妆容效果上要专业、稳重
头发	自然整洁就好，不挑染，不染花哨的颜色，头发不油
饰品	除了常规款的手表之外，不建议佩戴其他饰品

言谈举止

大方、自信的言谈举止会极大地提升你的形象。一个外貌并不出众的人，如果带给他人一种积极向上、活力无穷、专业靠谱的感觉，也会在人群中凸显出来。相反，一个外貌出众的人，却唯唯诺诺、自卑胆怯，整个人也会如埋入灰尘的珍珠，给人一种压抑的感觉。

当然，在面试场景中，留给应聘者通过言谈举止散发魅力的空间非常有限，但应聘者只要抓住三个关键点，同样可以让自己发光（如图 2-9 所示）。

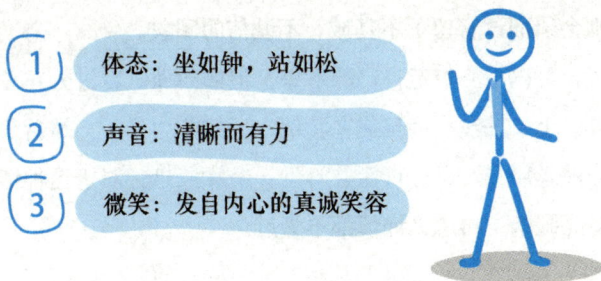

① 体态：坐如钟，站如松

② 声音：清晰而有力

③ 微笑：发自内心的真诚笑容

图 2-9　言谈举止的三个关键点

体态：坐如钟，站如松。古人提出的体态范式同样适用于现代，坐得端正、稳重，站得挺拔、优雅，都会给人一种美感。

声音：清晰而有力。无论是和面试官打招呼、自我介绍还是回答问题，凡张嘴必让对方听清楚自己说的是什么。

微笑：发自内心的真诚笑容。会笑的人运气不会太差，因为"伸手不打笑脸人"。发自内心的真诚笑容具有极强的感染力，会让面试官不自觉地心情愉悦，以一种更友好的状态和你交流。

还有一个需要注意的小细节：如果简历上附有照片，照片的形象不要和面试的形象差别太大。很多人都会给照片修图，但如果修得过头了，则会给面试官留下不真诚、不诚信的印象。

应聘者可以用心打造自己的形象，但如果面试官过分在意形象，甚至除形象之外并没有考察你在其他方面的能力素质，然后很爽快地表示"你被录用了"，这可能并不是一个好消息。对于这种情况，你一定要擦亮眼睛，再怎么谨慎都不为过。

08　线下面试：谨慎应邀 + 提前规划

明明线上就能聊明白，为什么还要线下面试？

这是很多喜欢线上沟通的"Z 世代"应聘者的心声。其实从面试官的角度来说，线上面试更为省力、高效，如果他愿意约你来一场 15 分钟的线下面试，通常是真的觉得你还不错。

而对应聘者来说，如果应聘的是需要坐班的岗位，线下面试只会有更多的好处。在第 1 章已经提到过，公司情况、工作环境、团队氛围、基础设施、通勤时长等，这些情况都只有在线下面试中才能有更具体、真实的了解。你一定不想好不容易找到工作，入职后却因为"点外卖不方便""收快递不方便""通勤时间太长""工作环境不好""领导脾气不好"等而离职。

如果的确是一份难得的好工作，线下面试意味着你有更多展现自己优势的机会，同时也更能体现你的求职诚意和求职意愿。

谨慎应邀

虽然好处很多，但并不意味着每次 HR 邀约线下面试，你都要应约。"穿越大半个城市去见你"这样的事，并不适合面试，因为你奔赴的每一场线下面试都需要投入不小的成本。尤其是异地应聘者，路费、餐费、住宿费加在一起是一笔不小的开销。对在职的应聘者来说，可能还需要付出请假面试的成本。在这种情况下，如果到面试地点之后发现对方并不靠谱，显然得不偿失。

靠谱的面试官通常会在线上与应聘者进行初步沟通，二面、终面的时候再约线下面试。因为二面、终面的面试官一般是经理、总监甚至总经理，他们更习惯通过现场交流的感觉去评估应聘者，所以会选择线下面试。

如果 HR 在线上和你没聊几句就约线下面试，对于你问的一些细节内容，例如工作内容、岗位需求、入职培训等情况敷衍回答或者岔开话题，只说"见面详谈"，那么你就要谨慎应邀。这种 HR 可能并不想认真地和你相互了解，只是为了完成自己的招聘指标才约你面试；或者是"挂羊头，卖狗肉"，招的是售后服务岗位，实际上应聘者入职后干的是电话销售岗位。

应聘者还可以从一些细节判断是否需要应邀去参加线下面试（如图 2-10 所示）。

查路线 查评价 查岗位

通勤时间太长，不建议应邀参加线下面试

企业负面评价过多，不建议应邀参加线下面试

岗位工作内容不清晰或者模板化，岗位要求里有让人不舒服的描述，不建议应邀参加线下面试

图 2-10　从细节判断是否应邀参加线下面试

查路线：通勤时间太长，不建议应邀参加线下面试。若通勤时间太长，即使入职了你可能也坚持不了太久。面试官也会有这样的担忧，不会把你作为最优选择。

查评价：企业负面评价过多，不建议应邀参加线下面试。信息化时代，利用第三方平台很容易查到企业的面试体验、工作经历评价、团队评价等信息。如果企业负面评价过多，则推断企业文化和管理可能存在问题。

　　查岗位：岗位工作内容不清晰或者模板化，岗位要求里有让人不舒服的描述，不建议应邀参加线下面试。例如，岗位要求中有"优先考虑未婚""不要××星座"等暗含歧视的内容，说明该企业不仅不尊重应聘者，还不懂法。

● 提前规划

　　如果在线上沟通过程中，你对公司和岗位情况已经有了初步了解，判断这是一份不错的工作，那么你就要为线下面试做好规划了。规划事项除本章前几节中介绍的内容外，还有两点非常重要，那就是路线和时间。

　　一定不要想当然！确定面试地点之后，可以用手机软件查一下路线，确认使用什么交通工具比较合适，确保能够按时到达。如果是非常重要的面试，在条件允许的情况下提前一天进行实地考察，了解交通状况，估算需要花费的时间。

　　在时间上，建议提前 5~10 分钟到达。面试迟到，面试官不仅会认为你不重视这次面试，还可能对你做出"做事不认真、自由散漫"的评价，那你可能就白跑一趟了。而从应聘者自身的角度来说，提前到达现场，可以用这段时间考察公司和岗位的情况，这是非常宝贵的反向面试的机会。

　　但是，太早到了也不太好。有的应聘者没有规划好路线，提前

40 分钟到了面试现场，结果面试官还在开会，只能自己一个人尴尬地坐在那里等，毕竟考察现场也用不了 40 分钟。而等待过程中耗掉了精气神，也会影响应聘者接下来的面试。

所以，提前规划好路线和时间是线下面试非常重要的细节。如果因为交通顺畅早到了 30 分钟以上，那么建议你在公司外面等待一下，顺便看一下附近的环境，放松身心，等到了面试时间的前 15 分钟左右再去公司。

如果遇到不可抗力导致你无法按时到场面试，一定要提前和 HR 做好沟通并诚恳道歉。

线下面试实际上是一场"形象战"，无论是公司、面试官，还是应聘者，拼的都是从细节处展示的形象。所以，应聘者既要从细节处反向考察公司，又要处理好自己在面试过程中的细节表现，让耗时耗力的线下面试物超所值。

09 线上面试：注重细节 + 提前调试

很多年轻人可能更喜欢线上面试。这里的线上面试主要是指可以看到对方的远程视频面试。上身穿西装，下身穿短裤，脚上套着一双拖鞋，在镜头前和面试官侃侃而谈的感觉，想想就很不错。事实上，线上面试远不如这般省心。

一旦产生线上面试比线下面试更轻松的想法，你可能就容易陷入以下误区（如图 2-11 所示），导致面试官决定关闭摄像头，连线下一位应聘者。

图 2-11　线上面试的误区

　　对着稿子读。线上面试方便在镜头外准备面试稿，但并不意味着你可以不背稿，直接在镜头前面无表情地读稿。缺乏互动交流的线上面试，只需 3 秒就会让面试官产生关闭摄像头的想法。

　　面试环境嘈杂。咖啡馆、公园、路边或者吵闹的家里，都不适合作为线上面试的环境，嘈杂的背景音很难让双方进行有效交流，会让面试官只想快点结束面试。

　　不注重形象。穿着松垮的睡衣、状态困倦和没洗头，都是会让面试官感觉自己不被尊重的表现。

　　让面试官在线等待。没有提前调试设备，慌乱中无法按时进入会议，导致面试官在线上等待许久。一旦出现这种情况，这次面试基本上就画上句号了。

注重细节

视频面试时，在面试官眼中一个镜头里藏着许多待考察的细节，你的每一个细节可能都被打好了分数，不想失分就不能放松警惕。在视频面试中需要注意的考察细节如表 2-4 所示。

表 2-4 视频面试中的考察细节

设备细节		
软件	和 HR 确认面试使用的软件，提前安装、注册，确定可以正常使用	
硬件	理论上手机、计算机都可以用，但软件可能会决定我们必须选择哪种设备，例如有的软件只能在手机上使用	
工具	为了提升面试效果，可以准备一些工具，例如耳机、手机支架、高清摄像头等	
环境细节		
空间	如果在家中，提前和家人沟通好，在面试期间大家尽量保持安静；如果在其他地点，就尽量选择独立、封闭、不受干扰的安静空间	
背景	失分背景	脏乱差，无条理；存在海报、床、标语等可能透露个人信息的干扰项
	加分背景	大白墙；整齐的书架
着装细节		
款式	衣着得体是第一要义。尽量按照线下面试的标准选择服装款式。或许你觉得下半身可以穿得随意一些，但是一旦不小心起身漏了出来，那就是一场令人遗憾的"事故"	
颜色	服装颜色过于鲜艳可能会抢镜，而纯黑色的服装在镜头中又会显得不自然，避开这两个误区就可以了	
言行细节		
表情	在镜头中，表情会被放大，所以相对线下面试更要注意表情管理，保持自然的微笑是稳妥的办法	

言行细节	
眼神	不要看着屏幕中的面试官，要看着摄像头说话，这样才能给面试官一种你在直视他的感觉
肢体	上半身要保持端庄的姿态，腰板挺直，不驼背，不耸肩；当面试官说话时，身体可以微微向前倾斜，适时点头以示回应

🔵 提前调试

"线上面试太简单了，提前 10 分钟等待足够了。"

千万不要这样想！线上面试存在的不确定因素相对线下面试更多，任何一个不确定因素的突然干扰都可能搅黄这场面试，所以建议应聘者至少提前一个小时做线上面试的调试，为实战做好准备。提前调试的具体做法如表 2-5 所示。

表 2-5　提前调试的具体做法

设备调试	
网络	断网、没信号、信号不稳定都是线上面试最怕遇到的问题，提前在选定的地点进行网络测试，确定网络没有问题至关重要
硬件	不管是手机还是计算机，确定电量充足，同时备好电源
软件	提前登录软件。提前退出关闭，可能会干扰面试的其他程序
辅助工具	如果你准备了耳机、摄像头、手机支架等辅助工具，更要提前做好调试
镜头调试	
灯光	镜头对灯光的要求比较高，太暗或太亮都会影响出镜效果，甚至不同的灯光照射角度也会让镜头前的你展现出不一样的魅力，所以提前调试好灯光很有必要

续表

镜头调试		
形象	摄像头高度	摄像头和你的眼睛在同一水平线或者摄像头略高，更显脸小
	摄像头距离	摄像头距离你不宜太近也不宜太远，以画面大小像一寸照片为最佳距离
	美颜滤镜	可以适当开一点美颜滤镜，但不要过分。一方面美颜过度可能会影响你在镜头前的正常展示；另一方面，面试通过后和面试官见面，对方可能会因为反差太大而对你产生不好的印象

除了以上细节之外，线上面试过程中及面试结束后的注意事项基本和线下面试一致，核心点就是保持尊重，谨记"双向选择"，除了好好表现自己，还要适时反向面试，保证自己的利益。

第 **3** 章

求职面试的 4 种
沟通技巧

01 一说：求职面试中的表达技巧

说，即表达自我。

在一场面试中，应聘者应如何说才能展示更好的自己，拿下心仪的职位呢？

● 口齿清晰，语言流利，用词文雅大方

面试中的每一次发言都是一场微演讲，应聘者必须打起十二分的精神，把自己最好的一面"说"出来、"说"清楚。

为此，应聘者要注意发音准确、吐字清晰、音量适中、语言顺畅流利、声音温和圆润、克制"嗯，就是……""呃……"的说话方式等。如果应聘者在日常表达中有不太文明的口头禅，面试时一定要特别注意，绝对不能让它们脱口而出。

为了在面试中能够更加自如地表达自己，应聘者可以提前做一些发音训练。

　　发音器官训练。例如口腔开合练习、舌的前伸后缩练习、舌尖练习等，学会灵活控制发音器官的各种活动，让发音更清楚、准确。

　　声母、韵母练习。进行声母练习时要使用正确的发音部位和发音方法，找准着力点，使发出的音有弹性；进行韵母练习时要严格控制口腔的开合、唇形的圆展和舌位的前后。

　　正音练习。按照普通话的语音标准，矫正自己的方音、难点音。

　　在信息化时代，我们很容易在网上找到关于这些训练的讲解视频，在面试之前跟着练习几天就能收获不错的效果，而这对面试发言来说也足够了。

语气平和，语调恰当，态度热情友好

　　同样一番话，用不同的语气、语调和态度表达出来，效果可能截然不同。尤其对应聘者来说，其处在被考察的位置，任何不经意的语气、语调都可能会被面试官放大解读，造成不可挽回的后果。

　　应聘者在发言时应尽可能保持语气平和、语调平缓、表情放松、眼神温和，多微笑，用面部表情和肢体语言展示友好的态度。

　　当然，在需要引起面试官注意的时候，应聘者可以采用上扬语调、加重语气并适当拖音，例如打招呼时、介绍自己特别的经历时等，但也仅限于个别字词，如果整段话都这样说，表演痕迹未免过重。

多使用正面表达，减少负面用语

心理学家调查发现，在交流中不使用否定性的词语交流效果更好。

有的应聘者在表达时，常常不自觉地使用负面用语，例如"我不擅长""我不太专业""缺乏""不能接受"等。这些表达会在无形中影响面试官也做出否定的判断。

因此，应聘者在表达时要多使用正面表达，例如"我比较擅长……""我更倾向于……""我更愿意接受……"等，降低"不"字出现的频率。

陈述事实，尽量不做评判

人们在表达时容易犯的一个错误就是评判。而这也是应聘者在面试中极容易踩的一个"坑"，尤其是在谈论到前公司、前领导、前同事时，很容易头脑一热就做出评判。

这种评判无论是好还是坏，都会让你的发言脱离事实，变得具有攻击性。例如，"我之前的领导太敬业了，几乎每天都要求我们加班到十点。"你对前领导做出"敬业"的评判，可能会让面试官觉得这是"反话"，在暗示面试官你不能接受加班。即使你的目的就是如此，这样的表达方式也不如直接陈述事实更能打动面试官。例如，"我之前的工作经常要加班，对我的生活造成了一些不好的影响，我希望找一份加班较少的工作。"

逻辑清晰，表达有重点

在任何场合发言逻辑清晰都是加分项，在面试中也是如此。对 HR 来说，面试是工作，一天能够面试几个人、面试一个人需要投入多少时间，都是决定工作效率的重要因素。如果应聘者在表达时缺乏逻辑，面试官听了半天也没搞清楚应聘者到底想表达什么，他可能就会失去耐心，直接喊"下一个"。

为了让自己的发言逻辑清晰、表达有重点，应聘者首先要建立"以对方为主"的意识，抓住对方提问的核心，表达对对方有用的内容。同时，应聘者还可以使用关键词或关键句引领自己的表达。

例如，面试官问："你了解我们公司对设计人员的要求吗？"应聘者可以这样回答："据我所知，公司对设计人员主要有两点要求：第一，具有一定的谈判能力，我在公司的官网上看到'优秀设计师'事例，其中多处提到……；第二，有上进心，具体表现在……"其中的"谈判能力""上进心"就是引领表达的关键词。

以上都是应聘者提升表达能力的技巧。实际上，对应聘者来说，最重要、最有效的表达技巧是"自信"！一旦有了自信，整个人都会发光，那么使用其他表达技巧就是锦上添花了。

02　二看：求职面试中的观察技巧

在面试过程中，应聘者可以通过观察面试官的一些表现来判断自己的回答效果如何。

面试官的表情和动作

　　言语或许具有一定的迷惑性，但一个人下意识的表情和动作却能透露其真实的想法。有些面试官甚至会刻意通过表情、动作的反应来考察应聘者的观察能力、沟通能力及临场反应能力。

　　例如，有一位应聘者在用英文做自我介绍时，因为紧张读错了一个单词，他自己并没有立刻意识到这个问题。但是，他发现有一个面试官皱了一下眉头，快速地在纸上写了几笔。他一边继续做自我介绍，一边回想自己刚才的表达，发现了问题所在。

　　于是，他灵机一动，把自我介绍的结尾换成了"这就是我，一个会犯一些小错但又能很快改正的家伙。比如，刚才我读错了 special 这个单词，我想从此刻开始我再也不会读错它了！谢谢各位老师给我这样一个成长的机会。"

　　这位应聘者就是通过观察面试官的反应及时发现了自己的失误，并做了补救，展现了自己的临场反应能力，把失分点变成加分点。

　　应聘者在面试中应该重点关注面试官的表情和动作可能代表的语言参考，如表 3-1 所示。

表 3-1　面试官的表情和动作可能代表的语言参考

面试官的表情可能代表的语言参考	
微笑示意	面试官对你的回答比较满意，并愿意就具体问题和你继续探讨下去
皱眉	你的表达有不当之处，你还需要表现得更好一点
面无表情	你的回答不是面试官想要的答案，或者面试的进度让面试官感到不满意

续表

面试官的表情可能代表的语言参考	
不做目光接触	面试官对你的表达不感兴趣
经常目光接触	面试官对你的表达非常感兴趣，愿意与你进行更多的沟通
面试官的动作可能代表的语言参考	
小动作不断	你在发言的时候，面试官却不时地看手机、看其他人的简历、玩笔，甚至和身边的同事聊天说笑，说明他潜意识觉得你不合适，他对你的表达完全不感兴趣
打断或终止话题	你的表达让面试官感到厌倦，他没有耐心与你继续交流，可能是你的表达啰唆、没有重点、不专业、逻辑不清晰等

以上是面试官比较典型的反应及其含义，如果你能够把握住这些，就能在面试中抓住面试官给出的信号，从而随机应变了。

面试的时长

每一位面试官的时间都十分宝贵，他愿意在你身上投入的时间和对你感兴趣的程度成正比。不同的面试时长有不同的含义（如图 3-1 所示）。

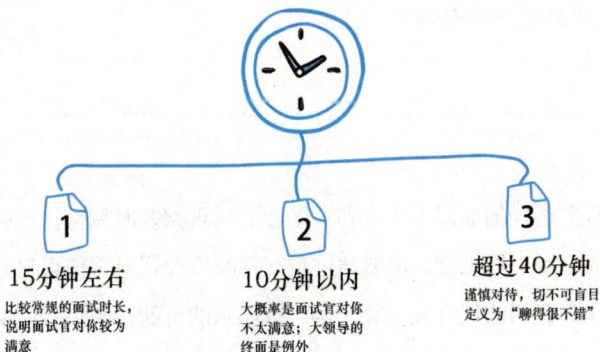

1
15分钟左右
比较常规的面试时长，说明面试官对你较为满意

2
10分钟以内
大概率是面试官对你不太满意；大领导的终面是例外

3
超过40分钟
谨慎对待，切不可盲目定义为"聊得很不错"

图 3-1　面试时长的含义

15 分钟左右的面试时长。 这是比较正常的时长，说明面试官对你较为满意。

10 分钟以内的面试时长。 大概率是面试官对你不太满意，不想在你身上浪费时间。时间越短，面试成功的可能性越小。不过，也有例外，那就是大领导作为面试官的终面。大领导一般都比较忙，而且前面 HR 已经做了专业的面试，所以终面的时间一般都比较短。

超过 40 分钟的面试时长。 谨慎对待，切不可盲目定义为"聊得很不错"。面试的时间被延长，很大程度上是一个积极的信号，意味着面试官对你很感兴趣，愿意花更多的时间和你沟通。但是如果你们沟通的内容不是你应聘的职位的情况、公司情况及你的专业知识和背景，而是你的前公司、前领导的情况，那可能就不太妙了。你一定要保持警惕，不要透露太多信息，否则可能会被认为"不忠诚"，毁掉的可能就不只是一场面试了。

在双向选择的面试中，应聘者既要通过观察及时调整自己的面试状态，争取获得工作机会，也要通过观察判断该公司是否值得自己加入。面试官作为公司的代言人，其一言一行展示的可能都是公司的文化、经营理念和做事风格。如果面试官全程表现都很"假"，不够真诚，那么即使对方给出了不错的待遇，你也要谨慎考虑是否加入该公司。

03   三听：求职面试中的倾听技巧

倾听看似简单，却有不少应聘者在这方面踩坑。有的应聘者急于表现自己，一说起来就停不下来，完全没有留出倾听时间；有的应聘者性格比较内向，把面试的大部分时间都用来倾听，却说得很少；还有的应聘者认为自己在倾听，却没有真正发挥倾听的价值。

不善于倾听的应聘者往往很难在面试中抓住重点，展示出面试官想要的一面，可能就会导致面试官直接将其判定为"不合适"。那么，应聘者在面试中到底该如何听、听什么呢？

◖ 端正倾听的态度

如果应聘者在倾听时，表现出随意且不专注的状态，甚至露出不耐烦的神情，随意打断面试官，就会影响面试官的情绪，破坏友好的面试氛围。

在面试中，应聘者应该建立以下 4 种倾听的态度（如图 3-2 所示）。

图 3-2   面试中倾听的态度

客观的态度。一般来说，应聘者在倾听时的主观障碍主要来自先入为主、固执己见和没有参与感的态度。要想听出面试官的真实意图，应聘者一定要秉持客观的态度。

尊重的态度。有的应聘者在听到自己熟悉或感兴趣的内容时会打断面试官，急于做出应答、表现自己。这种行为不仅会让面试官感觉不被尊重，应聘者还可能因为听到的信息不全而产生误解，把表现自己的机会变成了淘汰自己的理由。正确的做法是在确定你已经知道面试官完整的想法后再做出反应。

不卑不亢的态度。面试是一个双向考察、双向选择的过程，你没有必要为了获得面试官的认可而丢掉自己的想法。对面试官表达的内容一味地点头称是，并不是正确的倾听态度，唯有不卑不亢，方能听到事实。

专注的态度。应聘者在倾听时，要全身心地投入面试沟通中。只有保持专注，应聘者才能听懂面试官在说什么，进而才能有的放矢地进行应答。

捕捉面试官提问的意图

应聘者在倾听面试官的表达时，一定要听清楚面试官的"原话"是什么，从中捕捉他提问的真正意图。有时候，几个字的差别甚至是一字之差，提问的目的都会不一样，面试官想要听到的答案也就不一样。

所以，应聘者在面试官提问以后，要多"揣摩"几遍问题，不要在面试官提问刚结束时就自以为是地认为"我知道他想要的答案"。如果你对面试官的问题理解错误或者没有理解透彻，你的回答就已经不是面试官想要听到的答案了。

例如，面试官问："你对这个职位有什么看法？"

他问的是"看法"而不是"职位职责""职位要求"，他真正想问的可能是"这个职位对公司来说意味着什么？你要如何做才能让这个职位的价值最大化？"

如果应聘者把回答的重心放在"职位职责"和"职位要求"上，不断地强调自己一定可以胜任这个职位，一定可以在这个职位上做出成绩，基本上就属于南辕北辙了。

倾听的三个层次

很多人不知道，倾听也是面试官对应聘者的考察项之一。应聘者是否认真倾听，不仅展示了其对本次面试的重视程度，还会影响面试官对其是否具备良好的职业素养的判断。

正确倾听有三个层次（如图 3-3 所示）。

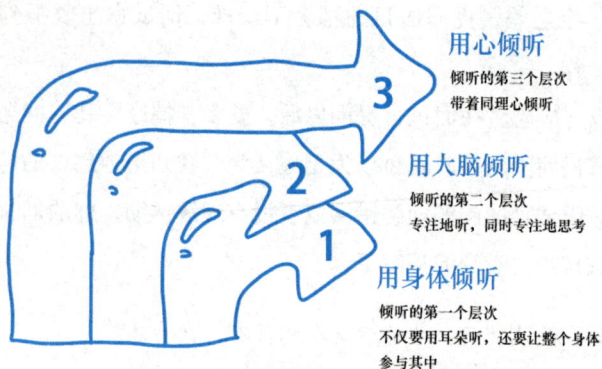

用心倾听
倾听的第三个层次
带着同理心倾听

用大脑倾听
倾听的第二个层次
专注地听，同时专注地思考

用身体倾听
倾听的第一个层次
不仅要用耳朵听，还要让整个身体
参与其中

图3-3　倾听的三个层次

　　用身体倾听：不仅要用耳朵听，还要让整个身体参与其中。例如，身体微微向面试官的方向倾斜，眼神专注，面带微笑，等等。这会让面试官感觉你对他说的话非常感兴趣。

　　用大脑倾听：专注地听，同时专注地思考。认真听面试官的提问和表达，同时和自己大脑中的知识和信息进行链接，分析面试官的真实想法，抓取关键词，正确做出应对。

　　用心倾听：带着同理心倾听。应聘者要尽可能避免让自己的情绪、感受阻碍倾听，同时也要在倾听的过程中关注面试官提供的非语言线索，比如表情、语气、情绪等。

　　掌握倾听技巧不仅能够让你在面试中快速"拿捏"面试官，还能够为你的职业素养加分。

04　四问：求职面试中的提问技巧

　　"你还有什么问题想问我吗？"面试官通常会在面试即将结束的时候问这个问题。如果你回答"没有问题了，谢谢"，那就错失了一个非常重要的机会。

　　面试官问这个问题，一方面是为了表示尊重，给应聘者具体地了解公司和职位的机会，另一方面是为了考察应聘者通过面试前的准备和面试中的沟通，对公司和职位的了解程度，以及加入公司的意愿。

　　在这场双向选择中，一旦面试官问出这个问题，就代表应聘者拿到了主动权。应聘者一定要抓住这个难得的能从面试官口中得到有效信息的机会（如图 3-4 所示）。

反向面试
判断公司、团队、职位是否适合自己

展示自我
画龙点睛，加深面试官对自己的印象

补救失误
对面试过程中的某些失误进行补救

建立联系
获得后续沟通交流的机会

图 3-4　抓住向面试官提问的机会

　　反向面试：通过提问从面试官那里更深入地了解公司的发展规划、团队架构、工作氛围、人才成长路径等信息，并且和从其他渠道了解的相关信息做交叉验证，从而获得更准确、更真实的信息，以此判断公司、团队、职位是否适合自己。

　　展示自我：通过提问展示自己对本次面试的重视、对加入公司的强烈意愿及面试过程中的投入和思考，以此画龙点睛，加深面试官对自己的印象。

　　补救失误：通过提问对面试过程中的某些失误进行补救，把失分项变成加分项。

　　建立联系：通过提问和面试官建立联系。

向面试官提问的"雷区"

　　"没有问题"是"雷区"。面试官会觉得你对获得这份工作的意愿不强，想快点结束面试。那么，即使面试官在前面的面试环节对你印象不错，此刻也会考虑淘汰你。

　　此外，问题涉及个人隐私或者公司敏感信息也是"雷区"。例如，"你现在一个月工资多少？"等，这类问题会让面试官觉得你不尊重他人隐私以及公司政策。

　　问题太直白也是"雷区"。例如，"我的面试表现怎么样？"如此直白的问题只会让面试官感到为难，即使出于礼貌回答你，他也不太可能当面对你做出评价。这种问题只能旁敲侧击。

● 向面试官提问的"加分区"

聪明的应聘者在提问环节会围绕工作本身进行提问，展示自己对这份工作的期待和自己工作的稳定性。当然，提问还要看对象，这样才能提出合适的问题，问出需要的信息。

一般公司面试会分为初面、二面、终面三个阶段，不同阶段的面试官会有所不同，应聘者提问的重点也会不同（如图 3-5 所示）。

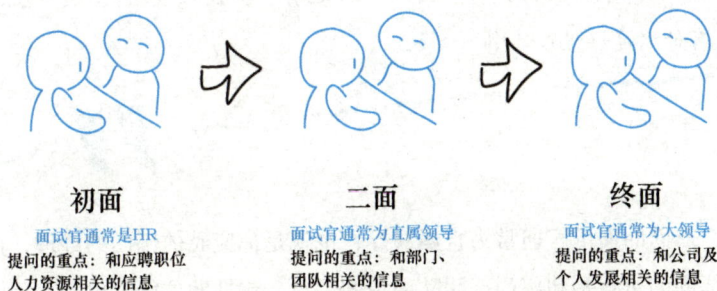

初面   二面   终面

面试官通常是HR   面试官通常为直属领导   面试官通常为大领导
提问的重点：和应聘职位 提问的重点：和部门、   提问的重点：和公司及
人力资源相关的信息   团队相关的信息   个人发展相关的信息

图 3-5　不同面试阶段应聘者提问的重点

初面的面试官通常为 HR，向其提问的重点是和该职位人力资源相关的信息，包括职位所在部门架构、人才培养机制、绩效考核指标、薪资构成、晋升机制等。

向 HR 提出的常见问题

这个职位是新增的还是替补的？（反向面试）

这个职位的绩效考核指标是什么？（反向面试）

这个职位所在部门的架构方便透露吗？配合的部门有哪些呢？（反向面试）

这个职位的薪资构成是怎样的呢？（反向面试）

贵公司对该职位人才的培养机制是怎样的呢？（反向面试）

这个职位的晋升机制是怎样的？（反向面试）

刚刚您提到的 ×× 问题，我还有一些想法要补充……您有什么建议呢？（补救失误）

二面的面试官通常为直属领导，也就是你应聘的部门的经理，向其提问的重点是和部门、团队相关的信息，包括职位能力要求、团队规模、分工方式、对自己的建议等。

向直属领导提出的常见问题

您对这个职位的入职人员有哪些期待，希望他具备怎样的能力素质？（展示自我）

您觉得我跟该职位的匹配度如何，对我有什么建议呢？（补救失误）

如果我有幸被录用，您觉得我达成工作目标的最大困难可能是什么？您对我有什么建议呢？（展示自我）

现在团队有多少人，团队年轻化吗？如果我有幸加入，有资深员工带我吗？（反向面试）

贵公司有推荐晋升的机制吗？如果有，您会在什么情况下给予下属这样的推荐呢？（反向面试）

当初您加入公司的原因是什么呢？（反向面试）

　　终面的面试官通常为大领导（总监、总经理等），向其提问的重点是和公司及个人发展相关的信息。

向大领导提出的常见问题

公司 / 部门接下来半年的工作重心是什么？（展示自我 + 反向面试）

针对您刚刚提到的问题，我考虑得还不够全面，可以听听您的思路吗？（补救失误 + 展示自我）

作为优秀的领导者，您应该培养过很多下属，您眼中的优秀员工是怎样的？（展示自我 + 反向面试）

第

4

章

行为面试的
应对策略

01 定义拆解：什么是行为面试

行为面试是 HR 常用并且被认为很有效的一种面试方法。该方法的有效性主要体现在对求职者具体行为和经验的考察上。

HR 基于职位需求提出和求职者的过去经历有关的问题，再根据求职者对过去实际行为的事例描述来评测其胜任力，通过收集求职者提供的行为事例来预测求职者未来将会如何处理相关情况。

一个人过去的行为拥有相对固定性，是预测未来的最好指标。特别是遇到类似的情景时，人的行为反应会倾向于重复过去的方式。

行为面试侧重于探索求职者深层的行为能力，而不太看重其学历、年龄、性别、外貌等特征，重点是了解求职者的品行和处事风格是否与其求职的职位要求相吻合，并深入探索求职者的动机和兴趣点。

例如，公司需要招聘一名销售员，周杨负责招聘。考虑到销售岗位要求抗压性、应变能力和激情，周杨在面试中问了求职者几个问题。

"请描述一个你曾遭受极大压力的场景，在此情况下，你是如何应对的？"

"在你过去的销售经历中，遇到过始终不认可你的产品的客户吗？你是如何做的？"

"你是如何签下你的销售生涯中最大的一笔单子的？"

"当你对销售行业的新鲜感逐渐消失，一切归于平淡时，你是如何保持对工作的激情的？"

"请回忆一下在你的工作经历中最能体现你的成就的时刻，你当时是做了什么才达到这样的成就的？"

上述案例中，周杨采取的就是行为面试。通过考察求职者过去的表现，例如"在你过去的销售经历中，遇到……你是如何做的？""你是如何保持对工作的激情的？""你当时是做了什么……"等问题，从求职者的答案中预测其在未来的销售工作中的表现，进而评判该求职者是否能够满足销售岗位的要求。例如，面对"始终不认可你的产品的客户"，求职者能够保持冷静，积极寻找新的突破口，认真解决问题，那么 HR 可预测其将来再碰到类似情景时也能够积极寻找解决问题的方案。

行为面试的基本假设是过去行为是预测未来行为的最好指标。那么，是不是意味着对没有工作经验的应届毕业生不适合使用行为面试进行考察呢？如果应届毕业生有这样的想法，并且因此忽视行为面试，那就大错特错了。

事实上，相对于有业绩数据、成功案例的求职者，没有相关经验的应届毕业生在简历中提到的各种能力似乎没有什么说服力，HR 通过让其回顾自己过去行为的方式来考察其能力，反而比其他面试方法更有效。

> **应届毕业生在行为面试中面临的常见提问**
>
> "在以往的学习或生活中，你遇到过的最大难题什么？你是如何解决这个难题的？"
>
> "最近让你比较有挫败感的事情是什么？"
>
> "你在大学期间一直名列前茅，你是怎么做到始终保持这么好的成绩的？"
>
> "描述一次你与同学或者室友发生冲突的经历，你是如何处理的？"
>
> "你的简历上提到你曾经获得演讲比赛的冠军，请你详细描述一下那次经历，你觉得自己是做对了哪些事才获得冠军的？"

行为面试的核心逻辑：面试官通过对求职者过去某代表性经历中具体行为的了解，判断其行为特征、能力水平及素质状况，进而判断其是否具备岗位要求的能力。所以，不管是有工作经验的求职者，还是没有工作经验的求职者，都要正视并且"吃透"行为面试，提前做好充足的准备。

02　面试官视角：行为面试的出题思路和考察重点

行为面试中，面试官不是泛泛地询问求职者过去所经历的事情，面试官提出的每一个问题都有其用意。

简历信息出题法

出题思路

根据求职者简历中介绍的工作经验、教育背景及个人经历，从中选择具有代表性的事例进行提问。

考察重点

通过了解求职者在该事例中的角色定位、采取的行动及最后呈现的结果，了解求职者当时的反应和处理方法，判断其行为模式是否与其应聘职位的要求相吻合。

职位需求出题法

出题思路

根据职位需求设计一个具体场景对求职者的行为进行提问。

考察重点

考察求职者的应变能力、求职者的思维方式和做事风格。

面试官在行为面试中，提问时以开放式问题为主，给求职者足够的表达空间，以获取尽可能详细的资料。出题内容主要围绕求职者过往实际经历。在实际面试过程中，面试官会针对求职者描述的某些细节进行追问，考察求职者的临场反应能力，同时也据此确认求职者表述的真实性。

常见的行为面试题

请举例说明……

请描述一个情景……

请分享一下当时的情况……

你是否曾经……

你最 ×× 的一件事……

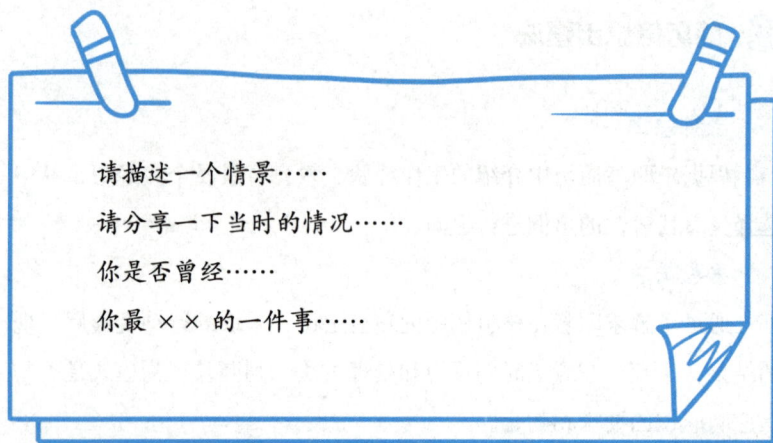

事实上，面试官在进行行为面试之前，就已经做足了准备，职位需要的是什么样的人才、如何考察求职者是否具备职位要求的素质，这些问题他们已经反复思量。有经验的面试官甚至会提前构建一个人才素质模型，作为出题的路线指导。

尽管不同职位的要求各不相同，但对职场来说，员工需要具备的专业素质和能力却具有相通性。因此，面试官在行为面试中经常考察的素质能力也有迹可循，如表 4-1 所示。

表 4-1 行为面试中经常考察的素质能力

团队合作能力		
考察重点	正面	能够将自己定位为团队的一员；表现出对团队的认同和支持；积极参与团队活动，并和他人协作、共享信息；重视团队中其他人的意见、专长；看见并认同他人的付出和成果
	反面	过于强调自我的价值、成就，忽视团队中其他人的努力
常见问题		"在你过去的经历中，最让你感到自豪的由团队合作完成的项目是什么""在项目执行过程中，团队成员意见不一致时你是如何处理的"等

续表

问题解决能力		
考察重点	正面	能够快速界定问题的性质，找到问题的根源，并制定相应的解决方案
	反面	对问题的界定不够清晰，盲目行动；解决问题的过程含糊不清
常见问题		"在你过去的经历中，遇到的最棘手的问题是什么，你是如何解决的"等

系统思考能力		
考察重点	正面	能够以全局的视角看问题；能够透过表象分析问题的本质；能够从不同维度思考和分析问题；能够运用结构化思维解决问题，并条理清晰地表达解决方案
	反面	片面地分析问题；解决方案效果单一且表述混乱
常见问题		"有些工作会涉及多个部门协作，而且有多个环节，请介绍一下你在这方面的经验，举一个让你印象深刻的事例"等

创新能力		
考察重点	正面	对新鲜事物和信息抱有极大的热情；解决问题的方式、方法具有独特性；能够按照新观念、新形势的要求提升自己的能力；能够提出有别于以往的解决问题的思路
	反面	按照既定模式思考和解决问题；对新技术、新知识缺乏兴趣
常见问题		"请介绍你提出新方案的一次经历"等

学习能力		
考察重点	正面	相信学习的价值，并愿意为之付出时间和精力；善于观察和发现新的知识；善于从自己和他人的成败经历中总结经验；能够把过去的相关经验应用到新的环境；坦诚接受他人的意见和建议，并取长补短提升自己的能力
	反面	不总结，不提升；抵触他人的意见和建议
常见问题		"请介绍你为了工作学习一门新技术的一次经历"等

续表

心理素质能力		
考察重点	正面	积极应对挑战和压力；保持情绪稳定；能够灵活、快速地适应工作中的各种变化；有足够的耐心和毅力，不会急于求成；敢于承担责任
	反面	遇到压力和挫折无法保持冷静；遇到不同意见时犹豫不决；容易中途放弃，并为自己找各种借口
常见问题		"请介绍一项别人都放弃，你却坚持完成的工作任务" "请介绍一个你中途放弃的项目，并说明为什么会放弃"等

以上仅列出了几个行为面试中经常考察的素质能力，求职者还可以根据即将应聘的职位的要求，有针对性地查找、分析和总结其他素质能力的考察重点和常见问题。只有做到心中有数，上场才不慌。

03　准备案例：创建你的"行为故事集"

从面试官的出题思路和考察重点来看，求职者想在面试官问到行为面试类问题时再临场发挥，难度会非常大，甚至可能会出现难以挽回的局面。而从问题设计特点来看，求职者完全可以站在面试官的角度押题，准备好答案。

● 仔细研读职位描述和职位要求，锁定核心考察点

反复仔细地阅读、分析你所应聘职位的职位描述和职位要求。

职位描述通常会介绍该职位主要做哪些工作，从中可以看出企业对该职位员工行为模式的要求。例如"协助""配合"的潜台词是"团队协作"，"制定规范""梳理流程"的潜台词是"项目管

理"，等等。

职位要求则会提出一些必要的、具体的要求，从中可以看出企业对该职位员工的技能要求。例如"沟通能力""抗压能力""主动好学""逻辑思维清晰""组织协调能力"等。

这些信息都很好地提示了面试官会在行为面试中问什么问题，核心考察点是什么，然后你就可以有针对性地准备答案了。

🔵 回顾过往经历，结合考察点筛选事例

围绕核心考察点对自己过去的经历进行回顾，列出哪些经历与考察点相关。并不是所有的事件都值得在面试现场讲述，所以你还要对过往的经历进行筛选。在筛选时，你可以重点关注以下两种情况。

> 具有特定性的"最"事例。例如最困难、最有挑战、最有压力、最成功、最骄傲、最有成就感、最有收获等的事例。
>
> 近期发生的独特的能够体现出积极成效的事例。例如应届毕业生刚刚完成的非常有意义的一项社会实践、职场人士在上一份工作中刚刚达成的一个目标等。

注意：事例要与你的工作、学习经历相关，避免使用与家人或者室友相关的过于私人的事例。

以"我"为中心讲故事

面试官在行为面试中通常期待得到一个真实的、与你息息相关的、能够体现出你真实行为特征和性格特质的答案。

因此，在对筛选的事例进行描述时你要注意以下几点。

真实描述。切勿夸夸其谈，更不能以偏概全，仅围绕该事例进行适当描述即可。避免使用"应该""我想""可能"这类理论性的词汇，以及"经常""有时""常常"等含糊性的词汇，面试官可能会把用这类词汇描述的事例述视为不真实、没有说服力的。

以"我"为主语。面试官想要了解的是你这个人，而不是其他任何人或团队，所以在描述事例时要尽可能以"我"为主语，避免出现"我们"。即使在介绍团队合作情况时，也要具体介绍"我"在团队中的位置及"我"具体做了什么。

多使用数字。在大量的字词描述中，数字往往很容易被锁定，也更容易被记录。而且，从面试官的角度来看，定量描述更具真实性。需要注意的是，面试官可能会针对数字进行追问，所以你要确保准备的数字信息是真实的，并且有据可查。

避免拖沓。行为面试中面试官对细节的关注更多地体现在面试官的追问上，你可以提前准备一些细节信息，但在面试官追问之前不要过多地描述。简洁精练、逻辑清晰的答案一定会为你加分。

　　按照以上步骤准备好一个个行为故事之后，应再对它们进行排序，构建一个"行为故事集"。排序的依据，可以是招聘信息中职位要求提到的信息的先后顺序或频次，也可以是行为故事的价值。只要是方便记忆和查看的方法，就是好的排序方法。

　　"行为故事集"将是你在行为面试中的制胜宝典。

04　应答法则：What+STAR+ 关键词

　　为了确保在面试现场有更稳定的发挥，只对事例进行粗略的描述显然是不够的，最好写一个逻辑清晰的脚本。

　　行为面试问题的应答法则：What+STAR+ 关键词。

● What：事例是什么

　　在回答面试官提出的问题时，"结论先行"非常重要，这将决定面试官是否愿意继续听你后续的故事。所以，当面试官提出问题之后，你先给出关于"What"的回答是很有必要的，例如"我最成功的一件事情是……""我想举的例子是……"

　　关于"What"的回答应用一句话表述，突出强调该事例的独特性即可。过于复杂、啰唆的回答反而丢失了"结论先行"的价值。

● STAR：事例的经过与结果

　　有些会在面试过程中应用 STAR 结构对求职者进行提问和追问。心理学上有一种效应叫"似我效应"，指人们对在行为、语言、态度、个性、信念、爱好等某一方面跟自己相似的人，更容易产生好感或给予更高的评价。虽然很多面试官会刻意规避该效应对自己的影响，但如果求职者选择用面试官非常熟悉的 STAR 结构来回答行为面试问题，则会给面试官带来求职者表达逻辑非常清晰的感觉。

求职者可以用 STAR 结构（如图 4-1 所示）描述事例的框架。

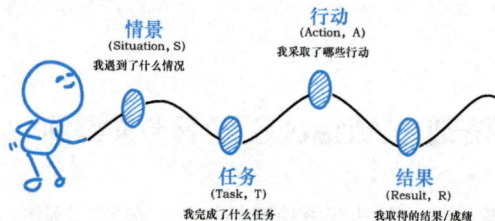

情景
(Situation, S)
我遇到了什么情况

行动
(Action, A)
我采取了哪些行动

任务
(Task, T)
我完成了什么任务

结果
(Result, R)
我取得的结果/成绩

图 4-1　STAR 结构

情景（Situation，S），即"我遇到了什么情况"，也就是事件的背景，可以用数字、假设等来凸显事件的"最"性。

任务（Task，T），即"我完成了什么任务"，也就是事件的目标、问题、困境等，同时还要介绍"我在任务中承担了什么角色"，为接下来说明自己的行为和结果的价值做好铺垫。

行动（Action，A），即"我采取了哪些行动"，也就是事件的情节。一定要对行动的步骤、动作等细节进行描述，同时还要结合应聘职位的要求对事件中可以展现自己优势的行动进行重点描述。

结果（Result，R），即"我取得的结果/成绩"，这里如果有数据则可以介绍一下，如果没有就点到为止，不要过分表现。

● 关键词：抓住面试官提出的问题中的关键词进行现场加工

不管你在面试之前准备得多么完善，都很难准确预判面试官在面试现场会如何提问。这种情况下，最好的应对方式就是抓住面试官提出的问题中的关键词，再结合事先准备好的案例，现场加工答案。这些关键词在很大程度上体现了面试官的考察意图。

例如，"请描述一个你曾遭受极大压力的场景，在此情况下，你是如何应对的？"

这个问题中，包含了"极大压力""如何应对"两个关键词，那么你在回答的时候一定要重点描述是怎样的极大压力、具体情况如何、你对压力来源做了哪些分析、你先做了什么事、你和什么人达成了合作或者你获得了什么人的帮助、你又做了什么事、最后结果如何等。只有在面试之前准备好这些细节，才能做到临危不乱地现场加工。

例如，在电视剧《二十不惑》中，姜小果在面试时介绍自己在知名的微信公众号"金融现场"实习过，也写过很多篇的文章。这可能是姜小果作为应届毕业生应聘一家金融公司时，最有说服力的事例了，但她在面试官问到"抖音爆红背后有没有可以复制的内容运营策略"这个和"热度很高"非常相关的问题时，却无法应答。这说明她对自己成功的案例没有做好复盘和总结，准备不足。

在一场面试中，无论是招聘方还是应聘方，所求的无非是"合适"。而这种合适不是想当然的合适，而是基于事实和相互了解的合适。行为面试的优势就在于更容易考察真实性，确保双方合适。所以，行为面试的应答法则的核心是"真实"，切忌过度包装。

唯有真实的事例，才不怕被追问细节，才能经得起行为面试的考察。

05 实战指南：行为面试的常见问题及应答脚本

以下列举了几个常见的行为面试问题和对应的应答脚本。

"在你过往的经历中，你做的最成功的一件事是什么？"

面试官提问的考察要点：评估你对成功的认知，考察你是否有清晰的自我定位和目标；了解你是否足够自信，是否清楚自己的优势所在；考察你的逻辑思考和表达能力；评估你的行为模式是否符合职位要求。

> ❝
>
> ### 应答脚本
>
> 我最成功的一件事是在上一家公司实施了一项产品推广策略，让公司的产品销量翻了一番。（What）
>
> 我当时是公司的推广经理，公司的产品销量已经半年没有提升。（S）为此，我制定并执行了一系列推广活动，包括线下产品展示会、电商平台直播活动、直播平台视频带货活动、零售终端促销活动等。（T）
>
> 我通过数据分析发现公司产品销量增长停滞的主要原因在于线上、线下渠道各自为营。为了改变这一状况，我同时锁定了合作得比较好的几个渠道，和他们的相关负责人分别探讨合适的推广方案，然后结合公司产品的生产、库存、物流等部门

的意见，策划了一系列的推广活动。（A）通过这些活动的实施，公司终于打通线上、线下渠道，实现双向引流，当月即达成产品销量翻番的目标。（R）

这件事让我赢得了上级和同事的认可。我从中获得了全渠道营销推广的实战经验，希望未来我也能在贵公司贡献自己的力量！

"请问你最失败的一次经历是什么？"

面试官提问的考察要点：评估你对失败的理解和自我认知；评估你对失败经历的复盘和总结能力；考察你面对挫折时的态度及应变能力。

应答脚本

我认为自己最失败的一次经历是参与了一个新产品的销售项目。（What）当时，我们设定了一个高目标，并且投入了大量的资源和精力。（S）

我负责西南片区的销售任务。由于直播电商的冲击，线下渠道生存艰难，导致新产品的销售工作举步维艰。（T）

通过仔细分析产品特性和市场数据，我发现我们在渠道商的选择上存在问题。我深入研究了西南片区线下渠道销售状况，并重新制定了销售策略，绕开大代理商，直接走进零售门店做推广，很快打开了局面。（A）因为时间有限，我们最终还是没能完成预期业绩目标。但是，我的销售策略得到了公

司的高度认可，公司将其作为新的营销战略在其他区域进行推广。（R）

　　这次的失败经历让我深刻领悟到越艰难的时刻越隐藏着机会，体会到在压力面前保持冷静的头脑、认真分析问题、积极寻找解决方案、果断决策的重要性。

"

"你曾经遇到的最难沟通的客户是怎样的，你是如何处理的？"

　　面试官提问的考察要点：考察你的客户沟通能力和解决问题的能力；了解你是否具备处理复杂工作关系的经验和技巧。

"

应答脚本

　　我在做个人理财顾问的时候，曾经遇到过一位非常难沟通的客户。（What）他想用手上的一笔闲置资金进行投资，我为他设计了 12 个方案，他都不满意。（S）为此，我们沟通了近半年的时间，依然没有结果。此时领导提醒我，如果在一个月内不能拿出客户认可的方案，可能就很难成交了。（T）

　　于是，我把过去半年和这个客户沟通的所有记录都做了复盘，重点分析了客户对之前 12 个方案的反馈，从中找到了客户的本质需求和关注点，尝试理解客户的期望。基于这些信息，我又做了 3 个投资方案。然后，我约客户面谈，并邀请领导陪同。（A）这次面谈成功打开了僵持的局面，后来又经过几次有效的沟通，我们终于达成一致意见。后来，我和这个客

户也成了朋友。（R）

通过这次经历我更加相信，积极沟通和解决问题的态度是改善工作关系、取得工作成果的必要条件。

"描述一次你和团队成员发生冲突的经历，你是如何处理的？"

面试官提问的考察要点：评估你的团队合作能力；了解你是否具有团队精神和解决问题的能力。

应答脚本

我曾经因为某个项目的执行计划和一位团队成员产生了冲突。（What）我们各执己见，导致该项目的执行计划始终无法敲定。（S）

为了团队能够顺利推进项目（T），我主动找对方进行了一对一的交流，真诚倾听他的想法，并对其中一些我认为有效的方法表示认同。同时，我也补充性地表达了自己的观点。（A）

最终，我们相互妥协，达成了一致意见，共同制定了一份完善的执行计划，获得了其他团队成员的一致认可。（R）

这次的经历让我懂得了团队合作的价值，学会了如何处理团队冲突，提升了团队协作能力。

第 **5** 章

压力面试的
应对策略

01 定义拆解：什么是压力面试

压力面试是很多应聘者最怕遇到也最难应对的一种面试方法。但是从面试官的角度来说，这可能是他们最喜欢采用的一种面试方法。

压力面试的目的是通过给应聘者施加一定的压力，测试其在压力下的应对能力和表现，从而更准确地评估其职位适应性和工作胜任力。为了实现这一目的，面试官会采取一系列策略来刻意营造紧张氛围，例如，提出有挑战性的问题、打断和质疑等，或针对某一事项、问题做一连串的发问，打破砂锅问到底。

例如，某职位的工作强度太大，需要抗压能力强的应聘者，基于此，面试官刘伟展开了一场压力面试。

刘伟："你好，请坐。首先，我想了解一下，你为什么从上一份工作中离职？"

应聘者："我认为上一份工作无法为我提供足够的职业发展空间。我希望找到一个能够充分发挥我能力的平台。"

刘伟："那么，你有没有想过，如果你继续在那个公司工作，职业发展空间可能会随着时间的推移而增大？"

应聘者："我明白您的意思，但我认为职业发展不应该只停留在当前的工作环境。我需要一个更具挑战性的平台来实现我的职业目标。"

刘伟："好，我理解。那么，你有没有想过，来到新公司后，你可能会面临更大的挑战和压力？"

应聘者："我明白新环境可能会带来新的挑战和压力。但同时，我也相信新的机会和挑战会激发我更大的潜力，促使我不断成长。"

刘伟："嗯，很好。那么，你有没有想过，如果这个职位的薪资达不到你的期望，你会怎么做？"

应聘者："薪资只是我考虑换工作的一部分原因。如果薪资达不到我的期望，我会更关注这个职位的其他方面，如发展空间、工作内容等。我相信评判一个工作机会的好坏不能仅关注薪资问题。"

刘伟："但是，如果你发现这个职位的发展空间也不如你预期的那样，你会怎么办？"

应聘者："如果我发现这个职位的发展空间有限，我会考虑其他职业机会或者在现有职位上努力提升自己的能力和价值，争取更好的发展机会。"

......

刘伟对应聘者的回答表示非常满意，并考虑将其作为候选人进行下一步的评估和选拔。

在上述案例中，刘伟采用了限制性提问方式，不断缩小应聘者的思考范围，并对应聘者的回答进行质疑。通过这种方式，他有意给应聘者施加压力，以评估其抗压能力。

对应聘者而言，面对压力面试，只有灵活应对各种挑战性问题，并在此过程中展现出自己的优势和特长，才能获取更多的机会。

压力面试在实际的面试过程中备受面试官青睐，主要归因于其独特的评估优势（如图 5-1 所示）。

评估抗压能力和应变能力

工作中经常会存在一些压力较大的情况，或者一些突发情况和紧急事件，例如，项目紧急、工作量大等。因此，面试官会通过面试来考察应聘者是否能够承受这些压力，是否具备处理突发事件的应变能力

评估自信心和稳定性

在压力面试中，面试官可以观察应聘者在面对压力和挑战时的自信心和稳定性。一个自信、稳定的应聘者通常能够更好地应对压力，保持冷静，并展现出解决问题的能力

图 5-1　压力面试的评估优势

在传统的面试中，应聘者通常会提前准备简历和回答问题的策略。然而，在压力面试中，应聘者需要现场应对各种挑战性问题，并在此过程中展现出自己的优势和特长。这无论是对经验丰富的应聘者来说，还是对经验较少的应聘者来说，都是一件极具挑战性的事情。

因此，为了获得理想的面试结果，应聘者需要在面试前进行充分的准备，了解压力面试的常见问题和应对策略，并培养自己的心理素质和抗压能力。

02　面试官视角：压力面试的出题思路和考察重点

在压力面试中，面试官的关注焦点通常不是应聘者回答的具体内容，而是他们在面对不同压力情境时的反应和应对能力。因此，每一个压力面试问题都隐含着"陷阱"，旨在评估应聘者在压力下的逻辑思维、情绪控制和问题解决能力。

提出挑战出题法

出题思路

面试官可能会故意提出一些具有挑战性的问题，这些问题可能涉及复杂或棘手的情境。

考察重点

考察应聘者在不同压力和挑战下解决问题的能力，以及他们如何分析和处理问题。

打断和质疑出题法

出题思路

为了增加紧张感并测试应聘者的应变能力，面试官可能会在应聘者回答问题时故意打断他们，或者质疑他们的回答。

考察重点

观察应聘者是否能够保持冷静，迅速调整思路，并有效地应对突发状况。

"找茬"出题法

出题思路

"找茬"出题法有点像"鸡蛋里面挑骨头"，目的是传递压力。面试官可能会针对应聘者的回答进行深入追问或挑剔，以施加压力并观察应聘者的反应。

考察重点

评估应聘者在面对批评或挑剔时的态度和应对方式，以及他们如何面对压力和逆境。

● 画地为牢出题法

出题思路

这种出题方法通常涉及提出一些具有限制性的问题，使应聘者处于某种困境或无能为力的状态。例如，"如果你发现这个职位的发展空间不如你预期的那样，你会怎么办？"或者限制回答时间，例如，"请用3分钟总结一下你在工作中取得的成就。"

考察重点

测试应聘者的应变能力、思维灵活性和抗压能力，观察他们如何在受限的情况下找到解决问题的办法。

压力面试的核心思路是测试应聘者在面对压力和挑战时的反应和应对能力。在这种面试情境下，应聘者可能会面临一系列具有挑战性的问题、高压的情境和突发状况。

然而，应聘者无须对此感到恐惧。只要做好充分的准备，就能在压力面前保持冷静，稳定地展现自己的实力。

了解压力面试的本质和目的

应聘者首先要明白，压力面试是为了测试你在压力下的反应和应对能力，而不是针对你的个人能力和素质进行质疑。因此，在准备应对压力面试时，保持冷静和理性至关重要，避免因过度紧张或恐慌而影响思维和表达。

分析压力面试中常见的问题类型

在压力面试中，常见的问题类型主要围绕挑战个人观点、质疑工作成果和质疑能力或经验等。此外，还有几种常见的问题类型，例如高压迫问题、时间限制题、团队合作冲突题、道德困境题、压力测试题等。应聘者可以借助书籍、网络等工具分析这些问题类型的特点、考察要点以及应对方法。

为应对挑战性问题做准备

在准备压力面试时，应聘者需要思考如何应对挑战性问题，并提前准备相应的答案。

例如：对于否定工作成果的问题，可以强调自己在工作中的努力和付出，以及从中学到的经验和教训；对于质疑能力或经验的问题，可以强调自己的实际能力和经验，并提供具体的例子来支持自己的观点。

保持冷静和自信

在压力面试中，保持冷静和自信至关重要。

无论面临什么样的问题，应聘者都要坚定地相信自己具备应对的能力，并始终保持沉着冷静。在回答问题时，应聘者要确保思维清晰、表达流畅，避免出现紧张或口吃的情况。

03 化解压力：识破陷阱，分析问题本质

应对压力面试的关键在于有效地化解压力，而要实现这一点，应聘者必须具备轻松识破压力面试的陷阱的能力。

● 识破压力面试的陷阱

应聘者应掌握识破压力面试的陷阱的方法（如图 5-2 所示）。

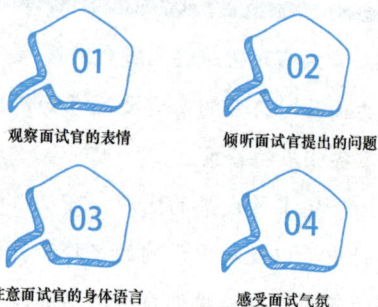

```
    01              02
观察面试官的表情   倾听面试官提出的问题

    03              04
注意面试官的身体语言   感受面试气氛
```

图 5-2　识破压力面试的陷阱的方法

　　观察面试官的表情。在面试过程中，注意面试官的表情变化。如果面试官表情严肃、眼神锐利，这可能是压力面试的信号。相反，如果面试官面带微笑、眼神友善，则可能不是压力面试。

　　*倾听面试官提出的问题。*仔细倾听面试官提出的问题，注意其提问的语气和措辞。如果面试官的问题带有攻击性、质疑性或让人感到不舒服，这可能是压力面试的陷阱。

　　*注意面试官的身体语言。*观察面试官的身体语言，例如姿态、手势等。如果面试官身体前倾、手臂交叉或表现出其他防御性姿势，这可能是压力面试的迹象。

　　*感受面试气氛。*通过与面试官的互动，感受面试的整体氛围。如果面试官营造出紧张、有压迫感的气氛，这可能是压力面试的陷阱。

分析问题的本质

　　在回答问题时，应聘者一定要注意判断面试官所提问题的本质是什么。应聘者可以从以下角度分析问题的本质（如图 5-3 所示）。

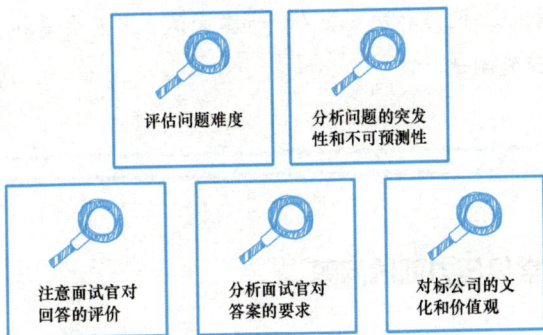

评估问题难度　　分析问题的突发性和不可预测性

注意面试官对回答的评价　　分析面试官对答案的要求　　对标公司的文化和价值观

图5-3　分析问题的本质

评估问题难度。注意问题的难度和挑战性。如果问题比较复杂、出乎意料或具有挑战性，这可能是面试官在测试你的应变能力和思维敏捷性。

分析问题的突发性和不可预测性。如果问题带有突发性和不可预测性，这可能是面试官在测试你的抗压能力和应变能力。例如，面试官可能会突然提出一个与工作无关的问题，以观察你如何应对压力和变化。

注意面试官对回答的评价。在回答问题时，注意面试官的评价和反馈。如果面试官对你的回答进行否定或质疑，这可能是因为面试官在测试你的抗压能力和应变能力。

分析面试官对答案的要求。在回答问题时，注意面试官对答案的要求。如果面试官要求你给出具体实例、强调细节或要求你快速回答问题，这可能是因为他们正在测试你的思维敏捷性和抗压能力。

对标公司的文化和价值观。如果公司的文化和价值观强调员工的抗压能力和应变能力，那么面试官可能会更加注重这些方面的测试。

了解常见压力面试问题

提前了解压力面试中可能出现的问题，如果面试中出现类似问题，则可以初步判断面试官采用的是压力面试。

压力面试常见的问题

"你评价自己追求完美，但我发现你的简历设计得很一般，你如何解释？"

"我认为你并不具备简历中说的丰富经验，你自己怎么认为？"

"以你的经验，恐怕难以担起这个岗位的职责。你认为呢？"

只有识破了压力面试的陷阱，应聘者才能更好地保持情绪稳定，避免被误导或陷入困境。只有在这样的状态下，应聘者才能更轻松地展现自己的实力和应对能力，从而更好地应对压力面试的挑战。

04　应答法则：慢情绪 + 慢思考 + 慢表达

在压力面试的紧张氛围中，应聘者很容易因为压力而乱了阵脚，即使有实力也难以充分展现。因此，对应聘者来说，提前掌握应答法则非常重要。

从根本上来说，压力面试应答法则的核心在于"慢"。

压力面试问题的应答法则：慢情绪 + 慢思考 + 慢表达。

● 慢情绪：控制情绪，保持冷静和理性

在压力面试中，面对带有挑衅性或攻击性的问题，很多应聘者可能会感到愤怒、沮丧或不安。这些情绪可能会影响他们的思维和表达，导致他们在面试中表现不佳。

为了避免出现这种情况，应聘者要学会慢情绪的技巧（如图 5-4

所示），保持冷静和理性，避免情绪影响自己的回答。

①	深呼吸放松
②	心理暗示
③	不要过于在意问题本身
④	转移注意力
⑤	保持冷静沉着的态度
⑥	不要攻击或反驳面试官

图 5-4　慢情绪的技巧

深呼吸放松。缓慢地吸气，然后缓慢地呼气，专注于呼吸的感觉，有助于放松身体和活跃思维，减轻紧张感。

心理暗示。给自己积极的心理暗示，相信自己能够应对压力和挑战。

不要过于在意问题本身。有时候，面试官提出问题可能是为了测试应聘者的心理素质和抗压能力，而不是真正要询问答案。因此，应聘者不要过于在意问题本身，而是要把注意力放在如何展现自己的实力上。

转移注意力。在等待面试官提问时，应聘者可以尝试转移注意力，关注周围的环境或思考其他问题，以减轻紧张感。

保持冷静沉着的态度。无论面试官提出什么问题，应聘者都要保持冷静沉着的态度。这样才能理性地分析问题，给出有条理的回答。

不要攻击或反驳面试官。在压力面试中，面试官可能会提出一些具有挑战性的问题或批评应聘者的回答。应聘者应该避免攻击或反驳面试官，应以积极的态度接受反馈，并展示出自己的专业素养和应对能力。

慢思考：理解问题，准备答案

在压力面试中，许多应聘者可能会因为紧张而急于回答问题，这可能导致他们没有充分理解问题或没有进行认真思考，从而容易犯错并影响面试效果。为了避免出现这种情况，应聘者可以采用慢思考的策略。

在回答问题之前，应聘者应该花时间仔细理解问题的含义和要求，并进行思考。通过思考，应聘者可以更好地整理思路、组织语言。

应聘者可以先在脑中构建一个简单的框架或提纲，然后根据这个框架或提纲展开论述，确保回答有条理、逻辑清晰。这不仅可以让面试官更好地理解应聘者的观点和经历，还可以展现出应聘者的逻辑思维和解决问题的能力。

应聘者可以采取以下技巧进行慢思考（如图 5-5 所示）。

1　先承认压力，再做出回应
2　直接回应并解释
3　转移焦点
4　使用实例或故事
5　提出反问

图 5-5　慢思考的技巧

先承认压力，再做出回应。首先承认问题的敏感性或难度，然后给出合理的回应。例如："我明白这个问题比较复杂，我会尝试从……角度来回答。"

直接回应并解释。直面问题，然后给出具体、合理的解释或解决方案。例如："我认为……，主要原因如下：第一，……；第二，……；第三，……。"这样的回应可以展示出应聘者的思考过程和表达能力。

转移焦点。如果直接回应问题有困难，那么应聘者可以将焦点转移到与问题相关的其他方面。例如："虽然这个问题的这一部分不容易解决，但我们可以从……角度来看。这样可能会有新的启示和解决方案。"

　　使用实例或故事。在解释观点的过程中，应聘者可以用实际的例子或故事来支持自己的观点或展示如何解决问题，增强观点的说服力。例如："我曾经遇到过类似的情境，我是这样处理的……这也许能为当前问题的解决提供一些借鉴。"

　　提出反问。当感觉被问题困住时，应聘者可以尝试反问面试官以获得更多信息或重新定义问题。例如："您能给我更多关于这个问题的背景信息吗？这样我才能更好地理解和回答您的问题。"这样的回应不仅展示了应聘者的主动性，也显示了应聘者对问题关心和认真的态度。

慢表达：控制语速，确保面试官能够理解

　　在压力面试中，由于紧张和高压的氛围，很多应聘者可能会急于回答问题，导致表达不清晰或者产生混淆。为了避免出现这种情况，慢表达就显得尤为重要。

　　应聘者可以采取以下技巧进行慢表达（如图 5-6 所示）。

图 5-6　慢表达的技巧

1　控制语速

2　适当停顿

3　发音清晰

4　避免冗长

　　控制语速。 慢表达的第一步是控制语速。应聘者可以通过放慢语速来让自己有更多时间思考和组织语言，避免出现口误或表达不清的情况。

　　适当停顿。 应聘者可以在句子之间适当停顿，以强调某些重点或给予面试官足够的时间理解自己的意思。此外，适当停顿还可以让面试官更好地参与对话、提问或发表意见，从而提高面试的互动性和有效性。

　　发音清晰。 发音清晰是慢表达的重要一环。应聘者应该注意发音的清晰度和准确性，确保面试官能够清楚听到每一个字。

　　避免冗长。 慢表达并不意味着要说很多话。应聘者应该力求回答简洁明了，不宜使用过多的行话、术语或结构复杂的句子，以免造成面试官的困惑。

05　实战指南：压力面试的常见问题及应答脚本

下面列出了几个常见的压力面试问题和对应的应答脚本。

"你曾经负责的一个项目似乎没有达到预期效果，你如何解释？"

面试官提问的考察要点：了解应聘者是否有抗压能力，是否能够诚实面对自己的不足，是否有反思和归因能力，以及是否能够从失败中学习和成长。因此，应聘者在回答这个问题时应控制自己的情绪，坦诚回答，清楚地阐述原因并强调自己的成长。

> **应答脚本**
>
> 　　我非常感谢您提出这个重要的问题。确实，我曾经负责的一个项目未能达到预期效果。
>
> 　　之所以该项目未能实现预期目标，主要是因为我们在项目规划阶段对某些关键环节的预估出现了偏差，同时，我们在执行过程中也未能及时调整策略。
>
> 　　然而，失败并不是终点，而是学习的机会。在开展项目过程中，我积极寻求反馈，主动与团队成员沟通交流，深入了解问题所在。为了解决这些问题，我采取了多种措施，包括重新审视我们的计划、加强与团队的沟通、寻求领导和同事的建议，并努力提高自己的技能和知识水平。
>
> 　　虽然该项目未能达到预期效果，但我们从中学到了宝贵的经验教训。在未来，我会更加注重项目的规划和执行过程，确保项目的成功。
>
> 　　最后，我想补充的是，一个人在职场中难免会遇到失败，

关键在于如何面对和解决问题。我坚信自己有能力胜任这个岗位，并将竭尽全力为公司作出贡献。

"以你的经验，恐怕难以担起这个岗位的职责。你认为呢？"

面试官提问的考察要点：测试应聘者在面对质疑和挑战时的反应和应对能力。在回答这类问题时，应聘者应当保持情绪稳定，并采用有逻辑的方式来表达自己的观点和思路。

应答脚本

我认为确实存在挑战，但并不是不可克服的。

基于对当前岗位要求的深入理解和对自身能力的客观分析，我对于这个岗位而言，经验可能确实相对有限，但是进入任何新岗位都有适应的过程。我相信通过努力学习、积极寻求指导和不断实践，我能够逐步掌握岗位所需的技能和知识。我愿意用积极的学习态度和强烈的责任心，投入时间和精力去克服这些挑战。我相信，只要我保持这种态度并付诸行动，我就能够逐步担起这个岗位的职责。

为了更快地适应岗位需求，我已经制定了一系列的学习计划和行动方案，包括参加相关培训、阅读专业书籍、向经验丰富的同事请教等。这些措施将帮助我更快地提升自我，以更好地胜任这个岗位。

"你如何看待我们公司的一项备受争议的政策？"

面试官提出这个问题，从表面上看是在考察应聘者对公司政策的看法，实际上是通过这种方式来观察应聘者的反应和应对方式。因此，应聘者需要保持冷静和镇定，理性分析问题并做出回答。

应答脚本

我非常感谢您给我这个机会来分享我对公司某项政策的看法。在回答这个问题之前，我想先做一些背景调查，了解这项政策的制定背景、目的和实施情况。这样我才能更全面地理解这项政策，并给出更准确的评价。

在我深入了解这项政策之后，我会先从公司整体利益的角度出发，分析这项政策是否有助于公司发展和实现目标。同时，我也会从员工的角度出发，考虑这项政策是否有利于员工的权益保障和职业发展。

在分析完这项政策之后，我会给出我的看法和意见。如果我认为这项政策有不合理或者不公平的地方，我会提出具体的改进建议，并与相关负责人进行深入的沟通和交流。如果我认为这项政策是合理且必要的，我会全力支持和配合政策的实施。

最后，我想强调的是，作为一名员工，我会始终以公司整体利益为重，尽我所能为公司的发展作出贡献。

第

6

章

情境面试的
应对策略

01 定义拆解：什么是情境面试

随着"Z世代"成为面试官和应聘者的主力军，严谨、高效且充满趣味的情境面试逐渐成为面试中的重要评估手段。

对应聘者来说，情境面试通过模拟真实的职场环境让应聘者在实际工作情境中展现自我，是一次难得的反向考察工作内容、团队氛围、领导要求、企业文化等信息的机会。

情境面试的应用基于一个著名公式。

库尔特·勒温的著名公式：$B=f(P,E)$。

B（Behavior）：代表行为，这是面试官观察到的和需要评估的。P（Personality）：代表个体，即应聘者的技能、性格、动机等。E（Environment）：代表环境，在情境面试中，这包括具体的情境条件、任务、角色及其他可能的约束。

$B=f(P,E)$这个公式揭示了一个人的行为表现是由其自身的素质和所处情境共同决定的。观察个体在特定环境下的行为反应，可以有效预测其在现实工作中的表现。这一理念在情境面试中得到了充分体现和应用。

例如，在一次招聘面试中，面试官王文设定了一个情境问题："假设你最近一直处于工作量大且繁忙的状态，由于长时间的压力和过度劳累，你内心已经开始累积不满。这时，你突然接到一项紧急工作，这让你心情更加郁闷。请问你会如何应对这种情况？"

应聘者 A 回答道："我会先放下之前的工作，立刻开始处理新接到的任务。"

应聘者 B 答道："我会向领导坦诚我现在的困境，希望领导能给予更多的时间，但仍然会尽力完成工作。"

应聘者 C 回答说："我会先冷静下来，让自己从紧张的情绪中恢复过来。然后，我会重新安排我的工作优先级，确保新接到的紧急工作得到及时处理，同时也不会忽视之前的工作。为了提高效率，我会考虑寻求同事的帮助或者利用一些工具和技巧来减轻负担。在整个过程中，我会保持积极的心态，相信自己能够应对这种挑战。"

根据三位应聘者的回答，王文做出了以下评估。

应聘者 A 的回答显示出了他的直接行动能力，然而，这种做法可能忽略了对工作优先级的考虑，导致工作效率低下。

应聘者 B 的回答反映出了他的沟通意愿和问题解决意识，然而，这并未触及如何处理内心的不满和压力。

应聘者 C 不仅表现出冷静思考和合理安排工作的能力，还展现出在压力下有效寻求支持、保持积极心态的全面应对策略。

对面试官王文来说，应聘者 C 的回答更贴近实际工作情境，并全面展示了他在压力下冷静思考、合理安排工作和有效寻求支持的能力。这种全面的应对策略不仅解决了当前的问题，还展现出了应聘者 C 对工作的深入理解和应对技巧。因此，王文更倾向于选择应聘者 C 作为合适的人选。

上述案例中，王文采用的就是情境面试，通过对三位应聘者答案中提及的行为进行分析评估，从而做出明智的招聘决策。这表明情境面试在评估应聘者在实际工作中的表现方面具有显著的优势和有效性，这也是情境面试被广泛运用的关键原因。

情境面试的特点和优势使其成为一种科学、客观且高效的面试方法。这些特点使得情境面试在招聘过程中具有很高的实用价值，因此情境面试受到许多面试官的青睐。

无论是从应对面试的角度还是从反向面试的角度来说，应聘者都应当为情境面试做好准备，以更好地应对不确定的面试情境。

02　面试官视角：情境面试的出题思路和考察重点

情境面试中看似意外的情境，大多数情况下是与实际工作紧密相关的。因此，应聘者不能掉以轻心，需要深入了解和掌握面试官的出题思路和考察重点，从而找对应答方向。

模拟实际工作情境出题法

出题思路
模拟实际的工作情境，设计出具体、真实的场景，让应聘者置身于该情境中。

考察重点
通过观察应聘者在模拟情境中的表现，评估其解决问题、应对挑战的能力和思维方式。

假设问题出题法

出题思路

设定一个问题，要求应聘者给出解决方案，例如提出一个工作中可能遇到的问题。

考察重点

考察应聘者如何分析问题、提出解决方案及展示自己的创新思维。

角色扮演出题法

出题思路

给应聘者一个特定的角色，要求其以这个角色的身份处理问题。例如，让应聘者扮演团队领导、项目经理或者客户服务代表等，然后要求其处理一些与角色相关的工作问题。

考察重点

评估应聘者在特定角色和情境下的行为表现，例如理解能力、应变能力、角色适应能力、沟通表达能力、问题解决能力、情绪管理能力、团队合作能力、创新能力等。

情境面试的出题思路和考察重点侧重于评估应聘者的实际工作能力和行为模式，而不是只考察应聘者的知识储备或理论素养。这就要求应聘者在回答问题之前，必须对自己的工作经验和行为风格进行深入的反思和总结，以便在面试中能够准确描述自己在特定情境下的行为表现。

03　刻意训练：基于岗位设计情境进行模拟练习

在情境面试中，刻意训练是一种至关重要的准备策略。它是一种有目的、有意识的练习方式，其核心在于不断挑战自我，并通过有效的反馈来精进技能。通过刻意训练，应聘者可以更全面地准备各种可能遇到的情境的应对策略，增强应对能力，从而在面试中表现出最佳状态。

应聘者可以按照以下方法进行刻意训练（如图 6-1 所示）。

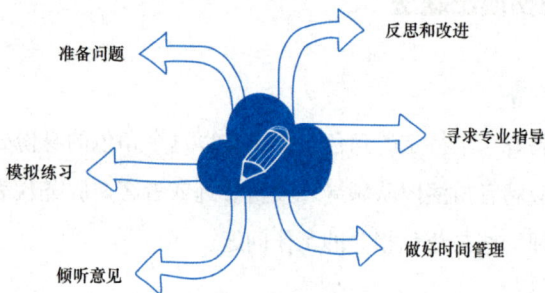

准备问题　　　　　反思和改进

　　　　　　　　　寻求专业指导

模拟练习

倾听意见　　　　　做好时间管理

图 6-1　刻意训练的方法

准备问题：基于岗位设计情境问题

基于岗位设计情境问题进行模拟练习是刻意训练的关键。 这要求应聘者深入了解目标岗位的职责、要求和面临的常见情境。在此基础上，设计一系列模拟情境练习题，并反复进行练习。设计的情境应尽可能真实、具体，以反映实际工作中的挑战。

例如，"如果你遇到一个难以合作的同事，你会怎么做？"或"当项目进度落后时，你会如何应对？"等。

通过提前准备这些问题的答案，应聘者可以更自信地应对面试中的挑战。

模拟练习：模拟真实面试情境进行练习

在准备情境面试时，应聘者可以采取角色扮演的方法来模拟真实的面试情境。具体而言，应聘者可以与朋友、家人或专业人士进行角色扮演，尝试回答各种问题，并从角色扮演者的反馈中学习如何更好地表达自己的观点、展示自己的能力和经验。这种方法可以帮助应聘者更好地理解面试情境，提高面试应对能力，并在模拟面试中获得实践经验和反馈。

除了角色扮演，应聘者还可以借助一些在线模拟面试工具进行练习。这些工具通常提供真实的面试问题和实践机会，使应聘者能够模拟真实的面试场景。

倾听意见：察觉自己的不足之处

在完成模拟面试后，应聘者需要认真听取他人的反馈和建议。通过他人的视角观察自己的表现，应聘者可以发现一些自己难以察觉的不足之处。

反思和改进：调整和完善面试技巧

对于模拟面试后收到的反馈，应聘者应予以高度重视。针对他人反馈的问题和不足，应聘者需深入反思，并寻求解决方案。对于每一个问题，应聘者都应该进行细致的分析，思考自己在回答问题、语言表达、非语言沟通等方面的表现是否还有提升空间。随后，制定一个明确的改进计划，逐步调整和完善自己的面试技巧。

同时，应聘者还可以从他人的反馈中学习一些面试技巧和经验。例如，如何更好地表达自己的观点、如何展示自己的能力和经验、如何处理突发情况等。这些技巧和经验可以为应聘者提供宝贵的参考，帮助他们在面试中更加自信、从容地应对各种问题和挑战。

寻求专业指导：优化、改进面试策略

如果条件允许，应聘者可以寻求专业人士的指导。专业人士通常具备丰富的面试经验和职场知识，能够为应聘者提供极具价值的反馈和建议。

在寻求指导时，应聘者可以向专业人士展示自己的答案和表现，并请求他们给予反馈和建议。专业人士可以帮助应聘者评估自己的回答是否符合目标职位的要求和公司的文化、价值观，并提供改进的建议。

做好时间管理：掌握回答问题的节奏和时间分配

在情境面试中，时间管理是一项重要的技能，在合理的时间范围内作答能提升面试效果。因此，应聘者需要练习在有限的时间内清晰地表达自己的观点和经历。通过模拟练习，应聘者可以更好地掌握回答问题的节奏和时间分配，确保在面试中既不显得过于急促，也不显得过于缓慢。

刻意训练并不仅仅是进行情境的简单再现，而是一种有目的、有意识的深度练习。因此，应聘者在开始刻意训练之前，切忌盲目行动，必须掌握正确的方法和技巧。这不仅是进行刻意训练的先决条件，也是确保练习效果、提升面试表现的关键路径。

04 应答法则：缓兵之计 + 精准审题 + 守法创新

尽管情境面试的问题不固定，但通过摸清情境面试的底层逻辑，应聘者可以提前掌握应答法则，从而更加轻松地应对各种情境面试问题。

情境面试问题的应答法则：缓兵之计 + 精准审题 + 守法创新。

缓兵之计：争取思考的时间

缓兵之计是指在面试中遇到难以回答或不确定的问题时，不要立即给出答案，而是用一些话语来争取思考的时间，以便更准确地回答问题。

例如，当面试官提出一个出乎意料或复杂的问题时，你可以先简单地确认问题，如"我理解您的意思了，您是希望我处理一个……的问题，对吗？"这样可以为自己争取到几秒的思考时间。

对经验老到的面试官来说，应聘者的缓兵之计很容易被识破，不过只要应聘者运用得当，就不会因此失分，反而会让面试官觉得其应变能力不错。具体来说，应聘者在使用缓兵之计时要注意以下几点（如图 6-2 所示）。

1	不要让面试官感到不自然或尴尬
2	不要让面试官觉得你不自信
3	不要转移面试的重点
4	不要使用过多的专业术语或行话

图 6-2　使用缓兵之计的注意事项

不要让面试官感到不自然或尴尬。缓兵之计是为了争取思考时间，而不是让面试官感到不自在。因此，在运用缓兵之计时，应当自然、得体，不要让面试官感到尴尬或不舒服。

不要让面试官觉得你不自信。虽然缓兵之计是为了争取思考时间，但过度或不当地使用可能会让面试官觉得你不自信，缺乏应对压力的能力。因此，在使用缓兵之计时，应当适度、恰当。

不要转移面试的重点。缓兵之计是为了暂时转移面试的话题或调整节奏，但不要试图转移面试的重点或回避关键问题。在运用缓兵之计时，应当注意引导话题回到面试的重点上，展现出自己的专业能力和经验。

不要使用过多的专业术语或行话。在运用缓兵之计时，为了争取思考时间，可能会使用一些专业术语或行话。但是，如果过多地使用这些术语或行话，可能会让面试官感到困惑或不舒服。因此，在使用术语或行话时，应当遵循适度、清晰、易懂的原则。

精准审题：准确地理解面试官的意图

精准审题是指准确地理解面试官的提问意图，以及问题背后要考察的潜在能力或素质，以便有针对性地展现自己的能力和素质。

应聘者在情境面试中可以采取以下方法精准审题（如图 6-3 所示）。

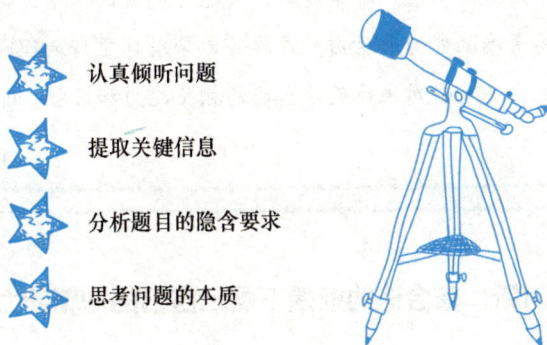

认真倾听问题

提取关键信息

分析题目的隐含要求

思考问题的本质

图 6-3　精准审题

认真倾听问题。在面试中，要认真倾听面试官的提问，确保充分理解情境描述和问题要求。如果有任何不清楚或含糊的地方，可以要求面试官进行解释或重复提问。

提取关键信息。在审题时，要快速提取关键信息，例如，题目中的核心问题、要求达成的目标、限制条件等。这样可以更好地把握题目的重点和要点。

分析题目的隐含要求。除了问题中明确提出的要求，还要分析隐含的要求。例如，在处理实际问题时，可能涉及法律法规、公司政策、行业标准等方面的要求。在审题时，要充分考虑这些隐含要求，确保回答符合相关标准和规范。

思考问题的本质。在审题时，要思考问题的本质，探究问题所要考察的能力和素质。这样可以帮助你更好地理解题目的要求，并有针对性地展示自己的相关能力和经验。

守法创新：在合法的前提下展示自己的创新能力

面对情境面试，应聘者要做到守法创新，这既是职业道德的基本要求，也是个人素质的体现。

守法和创新往往是一致的，只有在遵守法律法规的前提下，才能够进行有效的创新。同时，创新也需要以法律法规为依据，不断探索新的方法和思路，以更好地完成工作任务和提高工作效率。

应聘者在情境面试中可以从以下几个方面做到守法创新（如图 6-4 所示）。

✓ 了解法律法规	✓ 关注公司文化和价值观
✓ 明确创新与合法的关系	✓ 避免过于冒险的方案
✓ 展示解决问题的能力和思维	✓ 保持灵活性和适应性

图 6-4　守法创新

　　了解法律法规。在回答问题之前，要充分了解相关的法律法规和公司政策。对于涉及法律问题的情境，要确保自己的回答不违反法律法规，避免产生法律风险。

　　明确创新与合法的关系。创新并不意味着可以忽视法律法规要求。相反，合法是创新的前提和基础。在回答问题时，要明确表述如何在遵守法律法规和公司规定的前提下进行创新。

　　展示解决问题的能力和思维。情境面试往往涉及实际问题的解决。因此，在回答问题时，应聘者要展示自己解决问题的能力和思维方式，强调如何在实践中运用创新的方法解决问题。

　　关注公司文化和价值观。了解公司的文化和价值观，并在回答问题时体现出这些文化和价值观。这样可以让面试官知道你符合公司的要求，并且具有与公司文化、价值观相匹配的思维。

　　避免过于冒险的方案。在提出解决方案时，要避免过于冒险的方案。过于冒险的方案可能会带来不可预测的法律风险和商业风险。同时，在回答问题时，要强调如何采取稳妥、可靠的方案进行创新。

　　保持灵活性和适应性。在回答问题时，要展现出自己的灵活性和适应性，要强调如何在面对变化和挑战时快速适应，并且能够根据法律法规和公司要求进行调整和创新。

05   实战指南：情境面试的常见问题及应答脚本

以下列出了几个常见的情境面试问题和对应的应答脚本。

"假设你被分配了一个你并不熟悉的任务，你会如何应对？"

面试官提问的考察要点：应聘者的学习能力、问题解决能力、主动性、沟通协调能力等。

> **应答脚本**
>
> 根据您的描述，我理解这个任务需要完成的目标是……，并且涉及……方面的知识和技能。（缓兵之计 + 精准审题）
>
> 在完成任务的过程中，我会严格遵守公司的规定和法律法规的要求。
>
> 首先，我会将这个不熟悉的任务看作一个学习和探索的机会。我会利用我的好奇心和求知欲，积极研究任务的背景、要求和目标，并尝试从不同的角度去理解它。
>
> 其次，我会采用"快速试错"的方法来找到最合适的解决方案。我会先制定一个初步的计划，然后快速执行并收集反馈。通过不断调整和优化，我能够更快地找到合适的工作方法和流程。
>
> 再次，我会借助团队的力量来应对这个挑战。我会与同事们分享我的困惑和想法，寻求他们的建议和意见。我相信通过集思广益，我们能够找到更好的解决方案。
>
> 最后，我会将这个任务看作一个项目，注重过程中的数据分析和结果评估。我会使用数据分析的方法来了解任务的实际

效果，并根据结果调整我的工作策略。这样能够优化任务执行过程，提高工作效率和质量。（守法创新）

"假设你的一个同事对你的工作进行了质疑，你会如何应对？"

面试官提问的考察要点：应聘者在面对团队中的质疑和挑战时的态度、方法和策略，应聘者的沟通能力、团队合作能力及问题解决能力。

应答脚本

这是一个真实且具有代表性的情况，属于常见的人际关系问题范畴。（缓兵之计＋精准审题）

当面对同事对我工作的质疑时，我会首先保持冷静，并尝试从对方的角度理解其观点和立场。

接着，我会与这位同事进行开放和诚实的沟通，与他探讨他对我工作的具体质疑点。在沟通过程中，我会表达自己的观点，并试图找出问题的根源。

如果问题确实存在，我会积极寻求解决方案，并努力改进自己的工作。如果认为对方的质疑不合理，我会委婉地解释我的立场和做法，并寻求与对方达成共识。

此外，我也会反思自己的工作表现，看看是否有可以改进的地方。为了提高自己的能力，我会寻求更多的培训和学习机会。（守法创新）

"如果你有机会改进公司的一个流程，你会怎么做？"

面试官提问的考察要点：应聘者的创新思维和问题解决能力，以及应聘者是否对公司和行业有深入的了解。

应答脚本

关于您提出的问题，我需要先对公司目前的运营流程进行全面的了解和分析，以便更好地识别问题和提出创新的改进方案。（缓兵之计）

在我大致了解公司的运营流程之后，我会从以下几个方面着手改进工作。（精准审题）

首先，我会评估当前流程中的瓶颈和低效环节。这可以通过对各个部门和岗位的职责、工作量及相互之间的协作关系进行详细的分析来实现。找出瓶颈和低效环节，是优化流程的关键。

其次，我会考虑引入创新的技术和工具。例如，利用人工智能、大数据分析等技术来提升流程的自动化程度和数据处理能力。这些技术不仅可以提高工作效率，还可以帮助我们更好地挖掘和分析数据，从而更好地指导决策。

最后，我会注重员工的参与和培训。流程改进往往涉及员工的工作方式和职责的调整。因此，我会积极与员工沟通，了解他们的意见和建议，以便更好地平衡各方的需求。同时，我也会提供相关的培训和支持，以确保员工能够顺利地适应新的流程和工作方式。（守法创新）

第

7

章

经验面试的
应对策略

01 定义拆解：什么是经验面试

经验面试是一种由面试官根据自己丰富的经验和专业知识进行面试的方法。这种面试方法对面试官来说可能比较轻松，不需要过多的准备，但对应聘者来说却具有极大的不确定性，应聘者很难通过提前准备来应对。

在经验面试中，面试官通常只通过简短的交流，就能初步了解应聘者的性格特点和优势。有的面试官甚至在仅查看应聘者简历的基础上，再提出几个问题，就能对应聘者进行初步的评估。

> **经验面试常见问题**
>
> "请描述一个你承担的项目或任务，以及你在其中扮演的角色和做出的贡献。"
>
> "请描述一个你在工作中遇到的问题和你是如何解决这个问题的。"
>
> "你如何解决一个复杂的问题？"

　　例如，在面试一位应届毕业生时，周曼注意到应聘者在简历中描述了大量的工作经验，但她敏锐地观察到，这些描述更侧重于应聘者的任务，而不是其实际成果。基于她丰富的面试经验，她深知在简历中，"做成什么"相较于"做过什么"更能体现应聘者的实际能力和价值。此外，周曼发现应聘者在大学所学的专业是生物科学，与招聘的职位的要求并不相符。

　　在充分了解和分析了这些信息后，周曼凭借其丰富的经验，有针对性地展开了面试。她根据应聘者的简历和自己的经验，精心设计了问题，旨在深入了解应聘者的能力、兴趣和职业规划。

　　正如预期的那样，应聘者的实际情况与周曼的初步判断大致相符，这使得面试得以顺利进行。在评估过程中，周曼准确地识别出了应聘者的优势和不足之处。经过深思熟虑和权衡，她得出结论：这位应聘者可能并不完全适合该职位。

　　案例中，周曼采用的面试方法就是经验面试。在面试中，周曼凭借丰富的经验有针对性地提出问题，深入了解应聘者的能力、兴趣和职业规划，进而评估应聘者的潜力。这种面试方法通常比较高效，受到很多有经验的面试官的欢迎。

　　如果你因此认定经验面试过于依赖面试官的主观经验，那就错了。从面试官的角度来说，经验面试的优势在于通过结合多个维度的要素来全面评估应聘者，确保评估的客观性、准确性和针对性。

客观性：经验面试基于应聘者的过往经历和成果对应聘者进行评估，减少了主观臆断和偏见的影响。通过分析实际成果和具体实例，面试官可以更客观地评估应聘者的能力和潜力。

准确性：相较于传统的面试方法，经验面试更注重考察实际成果和价值，能够更准确地评估应聘者的真实能力和潜力。

针对性：经验面试中，面试官根据职位需求和公司文化设计问题，能够更准确地评估应聘者是否符合特定职位的要求。这种方法能够筛选出与公司文化和价值观相契合的应聘者，提高员工满意度和留任率。

经验面试的核心逻辑在于：面试官会专注于简历中的关键信息，并针对这些信息进行深入的追问。通过应聘者的回答，面试官对其能力进行初步判断。因此，为了提高经验面试的成功率，应聘者应做好简历和现场应答两手抓的充分准备。

02　面试官视角：经验面试的出题思路和考察重点

在经验面试中，面试官并非根据自己的经验随意地对应聘者进行评估，而是基于应聘者简历中的关键信息进行深入挖掘和追问。

细节追问出题法

出题思路

针对应聘者在简历中描述的关键工作或项目，进一步询问具体细节，如任务内容、时间跨度、遇到的挑战及解决方法等。

考察重点

应聘者的实际工作表现和解决实际问题的能力。

成果追问出题法

出题思路

询问应聘者在过去的工作或项目中取得的成果，包括具体的业绩、对团队的贡献及如何达成目标等。

考察重点

应聘者的实际业绩和成果、工作能力和潜力。

挑战追问出题法

出题思路

询问应聘者在过往工作中遇到的挑战以及应对方法，以了解其应对压力和复杂情况的能力。

考察重点

应聘者在未来工作中可能的表现。

技能与知识追问出题法

出题思路

针对应聘者在简历中提及的技能和知识，进一步询问其在实践中的应用情况，以及如何学习和提升这些技能。

考察重点

应聘者的技能水平和学习能力。

职业规划追问出题法

出题思路

询问应聘者的职业规划和发展目标，以了解其对自己未来发展的期望和计划。

考察重点

应聘者与公司文化和价值观的契合度，以及其长期发展的可能性。

动机追问出题法

出题思路

询问应聘者选择特定职位或行业的动机，以了解其工作兴趣和价值观是否与公司文化和职位需求相符合。

考察重点

筛选出真正对职位感兴趣并具备相应能力的应聘者。

面试官在经验面试中的出题思路：基于对应聘者的经验、技能、成果、挑战应对能力、学习成长潜力、职业规划、工作态度和价值观等方面的全面了解，设计出具有针对性的问题。

　　这些问题旨在全方位、深入地评估应聘者的相关能力。因此，应聘者在面试之前不仅需要充分准备简历，还需要对应答进行充分的准备，以展现自己的实际能力和潜力。

03　精修简历：精心设计简历上 4 个维度的信息

　　简历作为应聘者展示经历和能力的媒介，在经验面试中具有举足轻重的地位。面试官主要依据简历中的信息展开追问，以评估应聘者是否符合职位需求。因此，精心设计简历对提高应聘者的面试成功率至关重要。

　　面试官在评估应聘者简历时，主要关注 4 个维度的信息：知识、技能、经验和心理特征（如图 7-1 所示）。应聘者可以针对这 4 个维度精心设计简历，以提高其吸引力和有效性。

图 7-1　面试官评估简历的 4 个维度

🌙 知识维度：突出自己获得的相关知识

知识维度的信息作为评估应聘者的重要信息，涵盖了多个层面。它不仅限于专业知识信息，还延伸至职位知识信息和行业知识信息。

专业知识信息反映了应聘者在特定领域内的受教育程度和理论基础；职位知识信息则是针对特定职位的具体要求和承担职责所需的知识，直接关联到应聘者对该职位的胜任能力；行业知识信息则是对某一行业的基本情况、发展趋势和常规操作的了解，有助于应聘者更好地适应行业环境。

通过综合考察这些知识，面试官能够全面评估应聘者的知识储备是否足以支撑其胜任目标职位，从而筛选出真正具备扎实知识基础的优秀应聘者。

应聘者在精修简历中的知识维度的信息时可以参考表 7-1 中的策略。

表 7-1　精修知识维度信息的策略

类别	策略
专业知识信息	整理并列出与目标职位相关的专业知识信息，包括你的学位、所修课程及重要的学术成就。这些信息能够直观地展示你在该领域的学术背景和理论基础
职位知识信息	如果你拥有与目标职位相关的证书或资质，务必在简历中详细列出。这些资质能够直接证明你的专业能力和资格，进一步增强你在知识维度上的竞争力
行业知识信息	深入研究目标职位所涉及的行业知识。确保你对行业的基本情况、发展趋势和常规操作有清晰的了解，并在简历中明确标注。这样可以展现出你对行业的关注和投入，以及对职位要求的深入理解

技能维度：强调自己具备完成工作任务所需的技能

技能维度的信息作为评估应聘者的核心部分，涵盖了专业技能和通用技能两大方面。

专业技能是指与特定职位直接相关的技能，反映了应聘者在该领域的专业能力和技术水平；通用技能则是指跨职位、跨行业的普遍性技能，如沟通能力、合作能力和组织能力等。通过综合评估专业技能和通用技能，面试官能够全面了解应聘者的技能水平，从而更准确地判断其是否具备胜任目标职位的综合能力。

应聘者在精修简历中的技能维度的信息时可以采取以下策略（如图 7-2 所示）。

图 7-2　精修技能维度信息的策略

罗列技能：系统地罗列出你所具备的技能，例如沟通能力、领导能力、解决问题的能力及团队合作能力等。

证明技能：使用具体的实例和数据来证明你的技能。例如，描述你在项目中扮演的关键角色，以及通过你的技能所取得的成果。这不仅能展示你的实力，还能让面试官更好地了解你的实际工作效果。

突出相关技能：根据目标职位的要求，突出相关的技能。这有助于面试官明白你具备胜任该职位所需的特定技能，从而提高你被录用的可能性。

经验维度：突出过去的工作经历和成果

经验维度的信息作为评估应聘者的重要标准，涵盖了专业经验和职位经验两大方面。

专业经验反映了应聘者在特定领域内的工作经历和所积累的经验；职位经验则是指针对特定职位所具备的经验和能力。

通过综合评估专业经验和职位经验，面试官能够全面了解应聘者的实际工作经验和能力，从而更准确地判断其是否能够胜任目标职位。

应聘者在精修简历中的经验维度的信息时可以采取以下策略（如图 7-3 所示）。

01 描述已有经验   02 突出相关经验   03 证明经验和成果

图 7-3　精修经验维度信息的策略

　　描述已有经验：详细描述你过去的工作或项目经验，包括你所担任的职位、具体职责和所取得的成果。这样描述将使面试官更好地了解你在实际工作中的经验和成就。

　　突出相关经验：突出与目标职位相关的经验，说明你的经验如何与该职位的要求相匹配，并解释你如何能够快速适应新环境并为公司作出贡献。这将帮助面试官更好地理解你的价值，并提高你被录用的可能性。

　　证明经验和成果：使用具体的事例和数据来证明你的工作经验和成果，这可以通过具体的项目描述、数据指标或客户反馈等方式来实现。这些实例和数据将使你的工作经验更具说服力，并进一步突出你的实际工作能力。

心理特征维度：展示自己的积极态度

　　心理特征维度的信息在评估应聘者时具有极其重要的作用，因为它涵盖了态度、自我认知、定位、价值观、性格和动机等多个关键方面。在评估这一维度的信息时，面试官主要考察应聘者是否具备与目标职位相匹配的心理特质。这些特质包括积极主动的工作态度、清晰的自我认知、正面的价值观及强烈的内在动机等。

　　因此，应聘者不能仅关注知识、技能与经验，而忽视心理特征的重要性。为了在经验面试中获得更多机会，应聘者需要设计一份在心理特征维度上信息精准且具有竞争力的简历。

应聘者在精修简历中的心理特征维度的信息时可以采取以下策略（如图 7-4 所示）。

图 7-4　精修心理特征维度信息的策略

描述自己的心理特征：准确描述自己的个性特点和价值观。确保这些心理特征与目标职位的要求相契合，例如，积极主动、具有团队合作精神和客户至上等。这些心理特征将展示你具备适应工作环境和与同事良好相处的潜力。

强调自己的态度：强调自己的工作态度和职业精神。通过具体的实例和情境，展示自己的细心周到、勇于挑战等特质。这将表明你具备承担责任、面对挑战及追求卓越的态度和决心。

展示自己的热情：在简历中展示你对工作的热情和承诺，以及对公司和行业的认同感和投入度。例如，你对公司的文化和产品有浓厚的兴趣，或者你曾经参加过与公司相关的活动或项目。

04 应答法则：结果量化 + 流程清晰 + 细节到位

尽管经验面试中，面试官是基于简历信息进行追问的，应聘者仍需谨慎准备，确保给出有深度和准确的回答。为此，掌握应答法则至关重要。

经验面试问题的应答法则：结果量化 + 流程清晰 + 细节到位。

结果量化：展示你的能力和成果

在描述自己的工作或项目经验时，应聘者应注重使用量化的数据和成果来证明自己的贡献和价值。针对面试场合的特点，应聘者可以选取以下几类数据进行量化展示（如图 7-5 所示）。

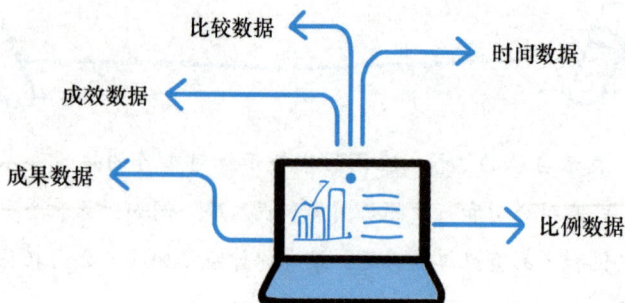

图 7-5　量化展示的数据类型

成果数据。例如，你可以说"我在上一家公司做销售的时候，平均每天打出 90 个电话。"用具体、明确的数据让面试官"看到"你的成果。

成效数据。用数据量化你做出的成绩对团队或公司的影响。例如，"我开发的软件程序帮助公司提升了 20% 的销售额" 或 "在这个项目中，我帮公司节省了 3 万元的成本"。这样可以帮助面试官更直观地了解你可以为团队或公司创造的价值。

比较数据。引用可比较的数据可以帮助你更好地展示自己的成果。例如，"我在项目中完成了 10 个任务，比平均完成数量多出了 5 个"。

时间数据。时间数据也是一种常用的量化数据。例如，"我在项目中用 3 周的时间完成了任务，比预期时间提前了 3 天"。这样可以帮助面试官更好地了解你的工作效率和能力。

比例数据。例如，你可以说"我在项目中完成了 80% 的任务，比团队其他成员的平均完成比例 70% 高出了 10%"。这样可以帮助面试官更好地了解你在团队中的表现和贡献。

流程清晰：展示你的逻辑思维能力和问题解决能力

在回答面试官的问题时，应聘者要清晰地阐述自己所采取行动的流程（如图 7-6 所示）。这有助于展示自己逻辑思维能力和问题解决能力。

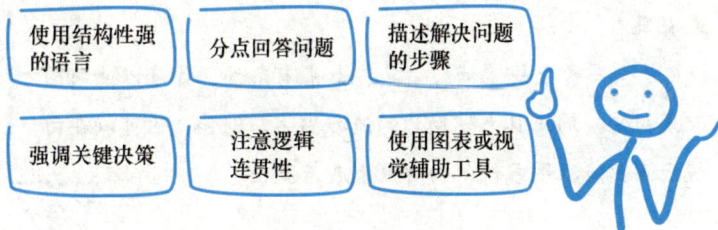

使用结构性强的语言　分点回答问题　描述解决问题的步骤

强调关键决策　注意逻辑连贯性　使用图表或视觉辅助工具

图 7-6　流程清晰

使用结构性强的语言。你可以使用结构性强的语言来回答问题，例如，使用"首先""其次""最后"等顺序词。这样可以让你的回答更加清晰和有条理。

分点回答问题。对于一些复杂的问题，你可以将答案分成几个点来回答。每个点可以是一个独立的想法或观点，这样可以让你的回答更加易于理解和记忆。

描述解决问题的步骤。当回答涉及解决问题时，要注重描述你解决问题的步骤。你可以从问题识别、问题分析、方案制定到方案实施的顺序展开描述，每个步骤都要清晰地阐述。

强调关键决策。在描述流程的过程中，要注重强调关键的决策点和你是如何做出这些决策的。这可以展示你的判断力和问题解决能力。

注意逻辑连贯性。确保你的答案在逻辑上是连贯的。从一个点过渡到另一个点时，要确保逻辑清晰，没有跳跃或混乱。

使用图表或视觉辅助工具。如果有条件，你可以使用图表或视觉辅助工具来辅助你的流程描述。例如，你可以在白板上画出流程图或使用幻灯片来展示流程。

细节到位：增强回答的说服力

在回答问题时，应聘者可以提供具体的细节和情境描述（如图 7-7 所示），这样能够生动地展现自己的实际经验和能力，增强回答的说服力。

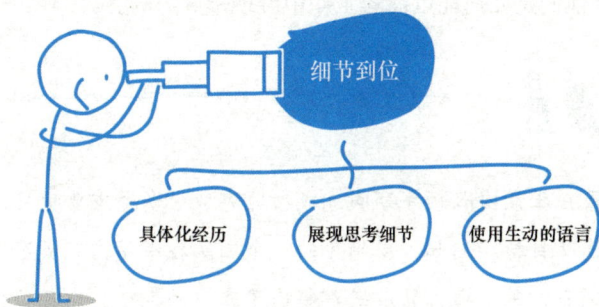

图 7-7　细节到位

具体化经历。不要只是简单地说你完成了一项任务，而要详细描述你是如何完成它的。例如，你是如何找到解决方案的，你遇到了哪些困难，以及如何克服这些困难。

展现思考细节。对于一些问题，可以通过思考细节来展示你的能力和思维方式。例如，对于一个假设的问题，你可以先分析可能的情境和结果，再提出你的解决方案。

使用生动的语言。使用生动、具体的语言可以让你的回答展示更多的细节内容，更具有吸引力。

05　实战指南：经验面试的常见问题及应答脚本

以下列出了几个常见的经验面试问题和对应的应答脚本。

"你如何证明你的领导能力？"

面试官提问的考察要点：了解应聘者是否有能力管理和激励团队，以及他们是如何在以前的工作中展现领导力的。

> **应答脚本**
>
> 　　我在担任团队领导期间，成功地完成了多个重要项目，实现了团队目标。例如，我领导的一个团队在半年内完成了三个大型项目，每个项目的成果都超出了客户的期望，比项目预算收入增长 10%。此外，在我的领导下，团队的成员也取得了个人和职业上的巨大进步，其中两位成员获得了公司的最佳销售员称号。（结果量化）
>
> 　　首先，我与团队成员共同制定了明确的目标和计划，确保每个人都清楚自己的职责和目标。然后，我通过定期的团队会议和一对一的沟通，跟踪项目的进展和团队成员的绩效。在遇到困难或挑战时，我鼓励团队成员积极提出解决方案，并协调各方面的资源来解决问题。最后，我与团队一起庆祝每个成功的项目，并总结经验教训，以便在未来的工作中持续改进。
>
> （流程清晰＋细节到位）

"请分享你的一个关于团队合作的例子。"

面试官提问的考察要点：了解应聘者团队合作的表现，评估应聘者的团队合作能力、沟通协调能力、解决问题能力和领导能力等关键素质。

应答脚本

在我之前的工作中，我参与了一个由 10 人组成的跨部门团队，目标是推出一个新的产品。通过团队合作，我们成功地在预定时间内推出了产品，并实现了以下成果。

一是产品上市后的前三个月销售额达到 100 万元，超出了预期目标 50%。

二是客户满意度调查显示，90% 的客户对产品表示满意或非常满意。

三是在产品上市后的半年内，我们收到了 1000 多个客户的积极反馈。（结果量化）

在合作过程中，首先，我与团队成员共同制定了详细的项目计划和时间表，明确了每个人的职责和预期成果。然后，我定期与团队成员进行沟通和协调，确保项目进展顺利。在遇到问题时，我鼓励团队成员提出解决方案，并积极寻求上级和其他部门的支持和资源。最终，我们按计划成功地推出了产品，并取得了良好的业绩和客户反馈。（流程清晰＋细节到位）

"请分享一次你面临的工作挑战，以及你是如何应对的。"

面试官提问的考察要点：了解应聘者在工作中遇到挑战时的应对方式和处理能力，评估应聘者的问题解决能力、决策能力、适应能力和自我驱动能力等。

应答脚本

在我之前的工作中，我面临了一次重要的项目延期挑战。项目原计划在一个月内完成，但出于各种原因，完成日期预计将延期两周。为了确保项目的顺利进行和维护客户的满意度，我采取了一系列措施来解决这个问题。最终，项目不仅按时完成，还获得了客户的高度评价，并为公司带来了额外的业务机会。（结果量化）

首先，我分析了项目可能延期的原因，并确定了关键的瓶颈和障碍。然后，我与团队成员开会，明确每个人的职责和工作计划，以确保工作高效进行。同时，我积极与上级和其他部门沟通协调，争取更多的资源和支持。在项目进行过程中，我定期检查进度，及时调整工作计划和资源分配。最终，我们按时完成了项目，并确保了高质量的交付。（流程清晰＋细节到位）

第

8

/章

应变面试的
应对策略

01　定义拆解：什么是应变面试

应变面试是一种有趣、灵活、富有挑战性的面试方法，主要用于评估应聘者的应变能力和综合素质。

应变面试通常采用一系列灵活、多变的问题，这些问题可能涉及不同的领域，且没有固定答案，需要应聘者快速思考和应变。通过这种方式，面试官可以考察应聘者的逻辑思维能力、分析问题和解决问题的能力、临场反应能力及创造力等。

例如，微软公司（简称微软）作为计算机软件行业的领军者，其成功背后的关键因素之一是拥有杰出的人才。多年来，微软始终致力于在全球范围内寻找和吸引顶尖人才，以不断提升其竞争优势。微软的创始人比尔·盖茨在招聘过程中，特别注重应聘者的逻辑思维能力、应变能力和问题解决能力。他曾明确表示："微软只招聪明人。"

为了准确评估一个人的智力水平，微软采用了一种有效的面试方法，即提出一系列具有挑战性的智力应变式问题，其中最为人所知的是"微软面试 100 问"。例如，"为什么下水道的盖子是圆形的？""两条不规则的绳子，每条绳子的燃烧时间是 1 个小时，请问如何在 45 分钟内烧完两条绳子？""你让一些工人为你工作 7 天，你要用一根金条作为报酬。金条需要被分成 7 小块，每天给出 1 块，但如果你只能把这根金条切割两次、分成 3 小块，你怎样分给这些工人？"

从应变面试的角度来看，微软公司在招聘过程中采用了具有挑战性的智力应变式问题。这些问题没有固定的答案，需要应聘者快速思考和灵活应变，以找到解决方案。通过这种面试方式，微软公司能够更好地了解应聘者的综合素质和智力水平，从而做出明智的招聘决策。

从"微软面试 100 问"中，可以深入洞察应变面试的核心理念。这些问题的设计初衷是通过提出出乎应聘者意料的问题，对其进行一次突击性的思维能力和应变能力的考察。这种方法使得面试官能够更真实地了解应聘者的思维模式、应变能力和潜力。

值得注意的是，即使是经验丰富的应聘者，面对这类问题也可能感到措手不及。这恰恰是应变面试的独特之处，它能够促使应聘者展示出其应变能力和潜力，而不是仅依靠经验和面试前的准备。

总的来说，应变面试主要有以下几个独特之处（如图 8-1 所示）。

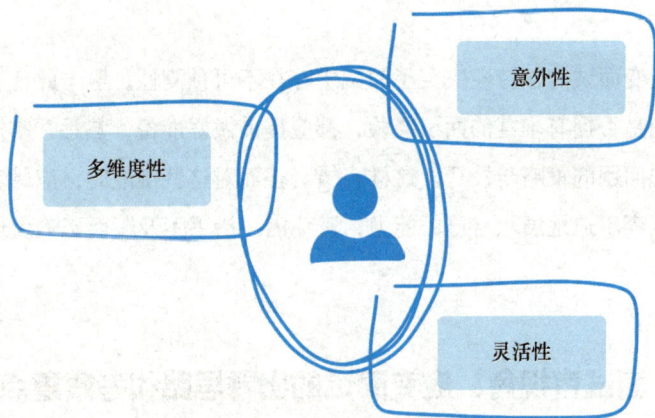

意外性

多维度性

灵活性

图 8-1 应变面试的独特之处

多维度性。应变面试不仅考察应聘者的专业知识和技能，还考察其心理素质、应对策略、逻辑思维等多个方面的综合素质。

意外性。在应变面试中，面试官可能会提出一些意想不到的问题或者情境，以测试应聘者的应变能力、潜力和适应性。

灵活性。应变面试的问题可以根据实际情况进行调整和变化，灵活性高。面试官可以根据不同职位的需求设计出有针对性的测试题目。

应变面试的独特性决定了面试中存在不可预测性。鉴于此，应聘者无论是否拥有丰富的面试经验，都应提前做好准备，熟悉并掌握应对这类问题的策略与技巧。这样，当真正面对这些挑战时，应聘者就能够从容不迫地展示自己的能力，避免因"措手不及"而影响表现。

02　面试官视角：应变面试的出题思路和考察重点

应变面试的问题灵活、多变，如何回答这类问题是应聘者需要研究的重要课题。

假设情境出题法

出题思路

提出一个假设的突发情境，要求应聘者描述自己的反应和应对措施。例如，"如果你在工作中遇到一个紧急问题，你会如何处理？"

考察重点

应聘者在假设情境中的应变能力和解决问题的能力。

突发情况出题法

出题思路

描述一个突发的情况或问题，要求应聘者立即给出解决方案或应对措施。例如，"你现在有个重要的电话会议，但突然发现设备出了问题，你会怎么做？"

考察重点

应聘者的问题解决能力和快速应变能力。

意外出题法

出题思路

提出一些意外的、与工作不直接相关的问题，要求应聘者立即给出应对方案。例如，"如果你被困在荒岛上，你会如何自救？"

考察重点

应聘者的应变能力和快速适应新情境的能力。

抽象出题法

出题思路

提出一些抽象的问题，要求应聘者用简洁的语言概括答案。例如，"请用一句话描述什么是幸福。"

考察重点

应聘者的思维深度和逻辑分析能力，以及能否深入思考问题的本质。

应变面试的出题思路：面试官想要的并不是正确答案，而是想了解应聘者在面对突发情况或未预料到的问题时的反应和解决问题的能力。

应聘者应当对应变面试进行深入了解，熟悉其出题思路和考察重点，并提前制定应对策略。只有这样，在面对突发问题时，才能保持冷静、理智应对，充分展现自己的应变能力和解决问题的能力。

了解应变面试的特点

应变面试的主要特点有三个：突发紧急性，核心问题突出性，强情境性。

突发紧急性主要体现在面试官给出的题目中的场景比较紧急，且具有一定的压迫性；

核心问题突出性主要体现在面试官会结合题目给应聘者设定一个身份，清楚告知应聘者当下需要解决的核心问题是什么；

强情境性主要体现在面试官给出的问题以及应聘者给出的答案都具有情境感，可以在面试官和应聘者脑海中形成比较清晰的画面。

准备常见的问题的答案

为了提高面试效率，押题是必不可少的一项准备工作。

应聘者需要针对一些常见的应变面试问题准备答案。同时，应聘者应运用一些逻辑结构来组织答案，使其更加清晰和有条理，易于面试官理解。

培养灵活的思维模式

应聘者需要培养灵活的思维模式，以应对各种突发问题。

从不同角度思考问题，培养发散性思维。为了实现这一目标，应聘者可以尝试在日常生活中多角度地看待问题，积极参加讨论和辩论活动等。

进行思维训练，提高思维的敏捷性和创新性。解决逻辑谜题是一个很好的练习方式，通过分析和推理，培养逻辑思维和判断能力。

03 稳定心态：处变不惊，自圆其说

在应变面试中，应聘者仅仅给出简单的答案并不足够，面试官通常会进一步追问应聘者为什么会给出这样的答案。追问的目的在于验证应聘者能否为自己的答案提供一个合乎逻辑的解释。

如果应聘者不能自圆其说，其答案的可信度将受到质疑，进而可能对面试结果产生不利影响。因此，在应变面试中，除了思考问题的

答案，还需要仔细考虑如何自圆其说。

例如，在一次面试中，面试官向应聘者李华提问："如果你负责的一个重要项目突然遇到了关键资源流失的情况，而且距离交付日期只有一个月了，你会如何处理？"

李华在回答这个问题时显得有些紧张和犹豫，他提到了一些常规的解决方案，例如与团队沟通、寻找替代资源等。但当面试官进一步追问具体的实施步骤和可能面临的风险时，李华的回答变得支支吾吾，缺乏逻辑性和条理性。他无法清楚地解释自己将如何确保项目在有限的时间内按时交付，并且对于可能出现的风险也没有给出合理的预估和应对策略。

由于李华无法自圆其说，面试官对他的应变能力和项目管理能力产生了怀疑。最终，这次面试的效果并不理想。

在面对面试官的提问时，李华的紧张和犹豫显示出他在高压情境下容易失去冷静，这对应变面试来说是一个不利的信号。由于心态的不稳定，尽管李华可能对项目管理有一定的了解，但他未能自圆其说。当面试官进一步追问时，他没有给出具体、可行的步骤和策略，这使得他的回答显得空洞和缺乏说服力。

通过李华的案例，我们可以更加清晰地认识到，在应变面试中，答案本身并非决定性因素。有时候，即使答案不够完美，只要能够自信、有条理地表达出来，就可能给面试官留下良好印象。这进一步凸显出自圆其说的重要性，以及心态对应变能力的关键作用。

在应变面试中，应聘者通常可以采取以下几种方式稳定心态，做到处变不惊（如图 8-2 所示）。

转移注意力

深呼吸放松　　　　　　　　　　　　接受不确定性

保持积极心态　　　　　保持自信

图8-2　在应变面试中做到处变不惊的技巧

　　深呼吸放松。在面试过程中，当你感到紧张或焦虑时，可以尝试进行深呼吸。慢慢地吸气然后缓慢地呼气，专注于呼吸的感觉，有助于放松身心。

　　保持积极心态。保持积极的心态，相信自己，即使问题出乎意料，你也有能力给出合理的答案。

　　转移注意力。将注意力放在分析和解决问题上，可以让你更冷静地应对挑战。

　　保持自信。自信的肢体语言、语气和表达方式会给你带来更多的信心，让你看起来更加从容不迫。

　　接受不确定性。要认识到面试中总会有一些不可预测的情境和问题，并接受这种不确定性。做好准备并保持冷静，你就能更好地应对未知的挑战。

在应变面试中，保持冷静的心态是基础，但更为关键的是在回答问题时能够自圆其说。为了确保自己的答案具有说服力，应聘者需要注意以下两个要点（如图 8-3 所示）。

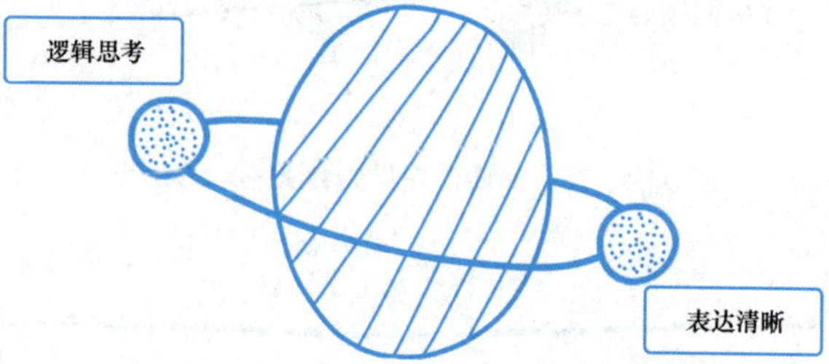

图 8-3　自圆其说的要点

逻辑思考

在回答问题之前，首先要明确问题的核心。仔细分析问题，理解其背景和要求，以便给出有针对性的答案。

在思考问题时，应聘者可以使用一些常见的逻辑框架，如 SWOT 分析、问题解决框架等。这些框架可以帮助应聘者系统地分析问题，提供更有条理的答案。

表达清晰

在回答问题时，应聘者应当展现出严谨的逻辑和条理，以确保自己的思路连贯并易于面试官理解。

首先，应聘者应明确问题的核心，简洁地陈述自己的观点；然后，应聘者应有条不紊地分点阐述原因或提供相应的证据支持；最后，进行总结，强调自己的观点和论据。

此外，为确保语言的清晰和准确性，应聘者应避免使用含糊不清的表达方式，应尽量使用具体、量化的语言来描述自己的观点和经验，这样可以增加答案的可信度。

自圆其说的核心在于答案具有逻辑性和条理性，以确保面试官能够准确理解应聘者的观点。因此，在回答问题时，应聘者务必遵循逻辑思考的步骤，清晰地表达自己的见解。

04　应答法则：破题观点 + 解决方案 + 总结收尾

应变面试主要考察的是应聘者的应变能力，但仅仅依靠临场发挥难以充分展现这一能力。因此，为了在面试中表现出色，应聘者应该提前掌握应答法则。

应变面试问题的应答法则：破题观点 + 解决方案 + 总结收尾。

破题观点：明确问题核心，陈述你的观点

在回答应变面试问题时，应聘者首先要针对问题本身，明确并简洁地阐述自己的观点或对问题的理解，即提出自己的破题观点。

在破题时，应聘者需要注意以下几点，以免破题失败。

　　开门见山。应聘者应明确提出自己对问题的理解和看法，给面试官一个清晰、直接的答案，避免含糊不清地表达。

　　简明扼要。应聘者应尽量用简练的语言来阐述观点，避免冗长和复杂的表述。同时应聘者要确保观点中的重点内容得到强调，使面试官能够快速理解核心意思。

　　与问题核心紧密相关。理解面试官的需求和期望，确保破题观点与面试官的需求和期望紧密相关，避免偏离主题。

　　为后续回答提供指导。破题观点应为后续的回答提供明确的指导和框架。

● 解决方案：分点阐述，给出证据

　　应聘者要根据问题的性质和自己的经验，提出有针对性的解决方案或应对措施。这一方案或措施应与破题观点一致，且应该与面试官的期望和公司的需求相符合，能够突出自己的能力和素质。

　　为了增强方案的说服力，应聘者需确保其逻辑清晰、条理分明。在提出解决方案时，应分点阐述不同的方面或步骤，遵循"论点—论据"的结构，以便更好地组织思路和增强说服力。

> **应变面试中解决方案的论述模板**
>
> 论点一：×××××，×××
>
> 论据：
>
> 论点二：×××××，××××
>
> 论据：
>
> 论点三：×××××，××××
>
> 论据：
>
> ……

此外，应聘者应结合实际情况和具体案例来阐述解决方案的有效性和可行性。如果有需要，应聘者还可以提供额外的信息和细节来进一步支持自己的观点，使其更加完整和有说服力。

总结收尾：强调观点，突出价值

在结束回答前，应聘者应对自己的观点和解决方案进行简明扼要的总结，确保总结与前面的论述保持一致，并突出自己的优势和价值。

为了增强总结的说服力，应聘者还应强调关键内容，包括自己的观点和解决方案的要点。此外，在总结收尾部分，应聘者可以适当地与面试官进行互动，回答其可能的疑问或进一步阐述自己的观点。

在整个过程中，保持自信和积极的态度至关重要。应聘者应大方、自信地展现出自己的应变能力和综合素质，使面试官能够全面了解应聘者的能力和优势。

05 实战指南：应变面试的常见问题及应答脚本

下面列出了几个常见的应变面试问题和对应的应答脚本。

"如果你负责的一个重要项目突然遇到了关键资源流失的情况，而且距离交付日期只有一个月了，你会如何处理？"

面试官提问的考察要点：了解应聘者的项目管理能力、问题解决能力、抗压能力和情绪稳定性、沟通协调能力、创新思维、责任心和职业道德等多个方面的素质。

> **应答脚本**
>
> 我首先会认识到这是一个需要快速、果断和创新的应对策略的情况。关键资源流失可能意味着部分工作需要重新分配，甚至可能需要寻找新的合作伙伴或供应商。（破题观点）
>
> 我会对关键资源的流失进行详细的评估，明确我们失去了什么，这包括人力、物资、技术等各个方面。根据评估结果，我会迅速调整项目计划，重新分配剩余的资源。如果关键资源的流失严重影响到项目的正常进行，我会立即寻找替代资源。这可能包括寻找新的供应商、合作伙伴或者自主研发某些关键技术。
>
> 在整个过程中，我会密切关注项目的进展情况，及时发现并解决可能出现的问题。（解决方案）
>
> 总的来说，面对关键资源流失和项目交付日期临近的挑战，我会评估损失、重新分配资源、寻找替代资源及密切监控项目进度，我相信我可以带领团队顺利完成项目。（总结收尾）

"你现在有一个紧急的视频会议，但突然发现设备坏了，你会怎么做？"

面试官提问的考察要点：考察应聘者的应变能力、问题解决能力和对突发情况的应对策略。

应答脚本

我会保持冷静，并迅速识别问题所在，可能是存在硬件故障或软件问题。（破题观点）

我会采取以下步骤来解决这个问题。

首先尝试重启设备或检查线路，检查问题是否是简单的误操作或暂时性的故障造成的。如果设备无法在短时间内修复，我会寻找可用的备用设备或工具，如手机或其他视频通话应用程序。

如果备用方案不可行或效果不佳，我会立即联系技术支持团队，描述问题并请求紧急解决方案。在等待技术支持的过程中，我会与其他相关人员沟通，确保他们了解当前的状况，并探讨可行的临时替代方案。（解决方案）

总的来说，面对突发问题，我会迅速反应、灵活思考，并采取有效的措施来解决这个问题。通过以上的应对策略，我相信我可以确保视频会议的顺利进行，并最大限度地减少对工作的影响。（总结收尾）

"请用一句话描述什么是幸福。"

面试官提问的考察要点: 考察应聘者的思维敏锐性和深入思考能力。

应答脚本

幸福是一个主观的概念,每个人对幸福的定义都有所不同。(破题观点)

对于如何定义幸福,我个人的观点如下。

幸福是一种积极的心理状态,是个人内心感受到的满足和快乐。这种满足和快乐来源于对生活的热爱、对目标的追求、对人际关系的良好维护及对自我价值的实现。当我们感到幸福时,我们会有积极的情绪体验,对生活充满希望和热情,有更强的自我控制力和自尊心。(解决方案)

幸福没有固定的标准,每个人对幸福的感受和追求都是独特的。我认为,真正的幸福源于内心的满足和快乐,它不依赖于外在的物质条件或他人的评价,而是建立在对生活的热爱、对目标的追求及对自我价值的实现之上的。(总结收尾)

第

9

章

放松面试的
应对策略

01 定义拆解：什么是放松面试

放松面试是指面试官通过一些非工作类问题让应聘者放松警惕、打开心扉，展示出最真实的自己。

面试本身往往会使应聘者产生一定的焦虑和压力，这种情绪可能会影响面试表现。为了帮助应聘者减轻这种压力和焦虑，增强应聘者的自信，让应聘者更真实地展现自己的能力和特点，面试官通常会采用放松面试。

任何面试的本质都是考察应聘者，评估应聘者的能力和素质，放松面试也是如此。放松面试表面上是通过一些非工作类的问题让应聘者放松，实际上这些问题都蕴含深意。

这些问题可能都是面试官精心设计的，都有其特定的目的和考察重点，旨在帮助面试官深入了解应聘者的性格、价值观、思维方式和工作风格，考察应聘者某方面的能力和素质。

例如，面试官张伟看着面前的简历，觉得这个应聘者非常优秀，很符合岗位需求。然而，当看到应聘者的时候，他陷入了犹豫。该应聘者显得十分紧张，让张伟很难对其做出精准的评估。于是，张伟决定采取一些措施让对方放松下来。

张伟："你好，让我们从你的业余爱好开始聊起吧。"

应聘者："好的，我喜欢旅行和摄影。"

张伟："旅行和摄影啊，那一定很有趣。你最喜欢的一次旅行经历是怎样的？"

应聘者："我最喜欢的旅行经历是去西藏。那里的风景非常美丽，而且文化也很有特色。"

张伟："听起来很有意思。你觉得在旅行中最大的收获是什么？"

应聘者："我觉得在旅行中最大的收获是学会了更好地与自己相处，以及更好地理解不同的文化和价值观。"

张伟："非常好，这些经历和收获对你的职业发展有什么影响吗？"

应聘者："这些经历和收获让我更加珍惜对工作与生活的平衡，也让我更加开放和包容，能够更好地与有不同背景的人合作。"

在上述案例中，面试官张伟使用了放松面试。通过聊起应聘者的业余爱好，营造了一个轻松的沟通氛围，让应聘者感到放松、自在，从而让应聘者真实地回答问题。值得注意的是，张伟在引导应聘者谈论兴趣爱好的同时，也巧妙地引导他回答与工作相关的问题。这有助于张伟获得更全面和有效的信息，为后续的评估提供有力的依据。

通过对上述案例的深入分析，我们可以清晰地认识到放松面试的本质。放松面试就像一个"钩子"，它的作用在于通过让应聘者放松，引导他们分享更多信息。在面试过程中，面试官通常会根据实际情况和应聘者的个性特征，灵活选择适当的"钩子"来实施放松面试。

面试官常用的放松面试策略有以下几种（如图9-1所示）。

 营造轻松氛围

 生活化提问

 支持和肯定

 探讨式谈话

图 9-1　面试官常用的放松面试策略

营造轻松氛围。面试官会通过非正式开场的方式打破沉默，营造一个轻松愉快的氛围，例如，谈论天气、交通等。

生活化提问。面试官会提出一些非工作类问题，例如，询问应聘者的兴趣爱好、家庭情况等，以了解应聘者的个人背景和生活态度。

支持和肯定。在应聘者回答问题时，面试官会给予其积极的反馈和肯定，例如，点头、微笑或使用鼓励性的语言。

探讨式谈话。面试官会通过谈探讨式谈话的方式，引导应聘者就某个话题展开讨论，例如，讨论行业趋势、公司文化等。

无论面试官采取哪一种放松面试策略，其本质都是深入了解应聘者，获取应聘者真实、全面的信息，从而做出更明智的招聘决策。

应聘者需要深刻理解放松面试的本质，既要充分利用其营造的轻松氛围，也要保持适度紧张，确保充分展现自己的能力和素质。同时，应聘者还需要明确面试的目标，避免因过度放松而偏离面试主题。

02 面试官视角：放松面试的出题思路和考察重点

面试官提出的每一个问题都有一定的意图，即便是非工作类问题里面也"暗藏玄机"。

个人兴趣爱好出题法

出题思路

询问应聘者的兴趣爱好、业余时间如何度过等，旨在打破初见的隔阂，让应聘者感到轻松自在。

考察重点

通过了解应聘者的个人生活，观察其是否拥有广泛的兴趣爱好和平衡工作与生活的态度，同时评估其社交能力和团队合作精神的潜在表现。

生活经历出题法

出题思路

询问应聘者一些有趣或难忘的生活经历，如旅行、挑战等，以营造轻松愉快的谈话氛围。

考察重点

通过应聘者的叙述，评估其沟通能力、故事叙述能力以及从经历中学习和成长的能力。

非正式的自我评价出题法

出题思路

以一种非正式的方式询问应聘者如何看待自己的优点、缺点或某个特定技能。

考察重点

了解应聘者的自我认知能力、诚实度和对待批评与建议的态度。

与行业或公司相关但非专业性的问题出题法

出题思路

询问应聘者对公司、行业或最近相关新闻的看法，但避免过于专业的技术问题。

考察重点

了解应聘者对行业动态的关注度、对公司文化的适应性以及其是否具备基本的商业敏感度。

面试官采取放松面试的出题思路：通过一些轻松、非工作类的问题，让应聘者放松警惕，真实地表达自己，更好地展现自己的能力和个性。

常见的放松面试题

"你平时有哪些兴趣爱好？"

"你喜欢参加一些社交活动吗？"

"你最喜欢的电影是什么？"

"你怎么看待最近讨论很多的话题××？"

从面试官的出题思路和考察重点来看，每一个看似与工作无关的话题，实际上都是对应聘者相关工作能力和素质的考察。因此，针对这类问题，应聘者可以提前做好心理准备，并制定相应的应对措施。

了解面试官的考察重点

在放松面试中，面试官的考察重点通常为沟通表达能力、性格特点、价值观等。你可以通过问题的关键词、核心点来了解面试官的考察重点。

例如，"你喜欢参加一些社交活动吗？"这个问题看似在聊天，实际上可能是考察你的社交意愿和社交能力，如果你应聘的是业务型岗位，那么考察社交意愿和社交能力的可能性就更大。

自我回顾与梳理

通过对自己的成长经历、兴趣爱好和价值观进行深入的回顾和梳理，你可以更清楚地认识自己的优点和不足。

针对自己的不足，寻找有说服力的解释或展现自己的改进态度。这不仅体现了你的诚实，也展示了你愿意学习和进步的态度。

制定应对策略

对于一些常见的问题，你可以提前准备答案并进行模拟回答练习。例如，"你最喜欢的电影是什么？""你最大的优点和缺点是什么？"

为了更有说服力地展现自己的观点，你可以使用一些实例来支持自己的回答。例如，在回答关于团队合作能力的问题时，可以具体提及过去在团队项目中扮演的角色以及所取得的成果，以展示自己的团队合作能力和实际经验。

保持真实与积极的态度

在面试时，保持真实与积极的态度至关重要。尽管需要提前准备，但切忌为了迎合公司而过度美化或编造自己的经历和观点。

在回答问题时，展现出积极的态度和正面的价值观同样重要。例如，当被问及人生观或价值观时，可以强调自己的正直、有责任心等优点。这能够让面试官看到你的内在品质和潜力，从而增加你被录用的可能性。

03　保持警惕：时刻谨记自己在求职面试

尽管放松面试的目的是营造一个友好、轻松的氛围，让应聘者能够展示真实的自我，但这并不意味着应聘者可以放飞自我、完全放松警惕。实际上，无论是关于工作的问题还是关于个人生活的问题，其目的都是更全面地评估应聘者的能力和素质。

例如，为了打破僵局，让应聘者放松下来，面试官面带微笑向应聘者打招呼，并提问生活类的问题。

面试官："你平时的兴趣爱好是什么？"

应聘者："我有很多兴趣爱好，我喜欢旅行、摄影和阅读。在过去几年里，我去过很多地方，拍摄了很多美丽的照片。去年我去了云南、西藏，今年我还想去重庆、贵州。同时，我也喜欢读书，特别是关于历史和文学方面的书籍。我非常喜欢某作家，他的书总是很打动我。我觉得通过阅读可以更好地了解世界和人性。"

在上述案例中，应聘者的回答整体上比较正常，没有出现明显的错误或纰漏。然而，过度放松的表达方式和过度的答案延伸，可能会影响最终的面试结果。因为这种回答方式会让面试官认为应聘者缺乏专业性和聚焦能力。例如，应聘者在回答兴趣爱好时花费过多时间描述自己旅行的经历或阅读的书籍内容，而没有及时收尾并转入与工作相关的内容，可能会给面试官留下不专业的印象。

因此，即使在面试官采用放松面试的情境下，应聘者仍需保持一定的警觉性。应聘者需要时刻牢记自己正在接受求职面试，并应适度控制回答的展开程度，确保回答内容与求职面试的目标和主题保持一致。这样，应聘者才能更好地展现自己的专业素养和专注能力，增加获得理想职位的机会。

保持警惕的关键是识别问题的核心，这也是给出有针对性和有意义的回答的关键。在面试过程中，应聘者要全神贯注地倾听问题，避免在没有完全理解问题的情况下匆忙回答，导致回答偏离方向或不符合面试官的期望。

应聘者可以采取以下方法迅速识别面试官所提问题的核心，锁定回答的正确方向（如图 9-2 所示）。

保持清晰的思维

注意问题的隐含意义

理解问题的背景

保持适度紧张的状态

图 9-2 识别问题核心的方法

保持清晰的思维

尽管面试官可能会使用轻松的语言或语气，但应聘者不能因此而放松警惕。应聘者要始终保持清晰的思维，确保自己对问题的理解是准确的。

注意问题的隐含意义

很多放松类问题实际上包含着面试官对应聘者的期望和考察点。因此，应聘者要注意问题的措辞和细节，尝试理解其背后的含义。

例如，如果问题是关于兴趣爱好、性格特征的，注意是否强调了"沟通""交流"等关键词，这可能意味着面试官要考察你的团队合作和人际交往能力。

理解问题的背景

除了问题本身，应聘者还要注意面试官所提问题的上下文和背景信息。这些信息很可能包含他们对应聘者期望的线索。

例如，面试官问："你周末喜欢做什么运动？"并且进一步补充说："我们公司非常注重员工的团队协作能力。"实际上是在考察你的团队协作能力和与同事沟通的意愿。

保持适度紧张的状态

即使面试官试图创造一个放松的环境，应聘者也应该保持适度紧张的状态。这种紧张感能够帮助应聘者更加专注地处理问题，识别问题的核心。

04　应答法则：3 秒思考 + 简短应答 + 反客为主

为了避免在面试中过度放松，偏离正确方向，应聘者除了要提醒自己保持警惕外，还应当充分掌握答题的思路，确保自己的回答紧扣主题。

放松面试问题的应答法则：3 秒思考 + 简短应答 + 反客为主。

3 秒思考：面试官提问的意图是什么

当面试官提出放松类问题时，应聘者不要急于回答，而应当用 3 秒的时间思考，以便更好地理解问题，识别问题的核心，并做出有针对性的回答。

在这 3 秒里，应聘者需要思考的内容包括：理解问题的背景和目的、回顾自己的相关经历和观点、思考答案的组织结构（如图 9-3 所示）。

理解问题的背景和目的
理解面试官为什么会问这个问题，他是想要了解你哪方面的能力和素质

回顾自己的相关经历和观点
快速回顾自己的生活经历和观点，思考如何与问题相关联，并准备合适的例子和故事来支持自己的回答

思考答案的组织结构
思考如何组织自己的答案，是按照时间顺序还是按照重要性顺序展开。这样可以确保答案清晰、有条理，能够有效地传达你的经历和观点

图 9-3　3 秒思考

简短回答：控制回答的长度和深度

在回答放松类问题时，应聘者需要注重回答的简洁性和条理性，避免冗长的描述和无关紧要的细节（如图 9-4 所示）。

组织答案
突出重点
简洁明了
直接回应问题

图9-4　简短回答

组织答案。回答问题前，应聘者要快速组织思路。这里可以用简单的逻辑结构，例如"背景—经历—技能"来帮助自己整理信息。

突出重点。确保回答直接、明确，并且主要涉及与职位或公司相关的关键信息。避免闲聊或无关的细节。

简洁明了。尽量使用简短、明了的句子，避免冗长或复杂的句子结构。简洁的答案更容易突出重点，也更容易被记住。

直接回应问题。确保回答时直接回应面试官的问题，不要绕圈子或偏离主题。

这样的回答不仅可以避免面试官质疑应聘者的专注度和逻辑思维能力，还可以让面试官更快地抓住回答的重点；同时，可以让应聘者更好地控制面试的节奏和方向，从而提高面试效率和质量。

反客为主：主动展示自己的价值和优势

当面试官提出放松类问题时，应聘者可以巧妙地回答，实现反客为主（如图 9-5 所示），更好地展示自己的优势和价值。

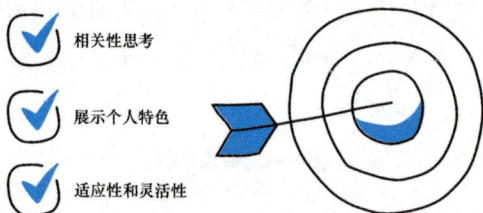

相关性思考

展示个人特色

适应性和灵活性

图 9-5　反客为主

相关性思考。尝试将问题与工作需求或公司文化联系起来。例如，你应聘的是业务职位，面试官询问你的业余爱好，你可以回答"喜欢户外活动"，这不仅有利于身体健康，也有助于提升与他人交往和沟通的能力，而这些正是业务工作中所需要的。

展示个人特色。通过回答问题，展示你的个人特色和价值观。例如，你可以谈论你的志愿者工作经历，强调你的社会责任感和对社区的贡献，这可以向面试官展示你的团队合作能力和领导力。

适应性和灵活性。如果你觉得面试官的问题与工作无关，可以适当调整你的答案以适应职位需求。例如，面试官询问你最近读的书，你可以回答一本与你应聘的职位相关的书，并解释这本书如何启发了你对职业发展的思考。

05　实战指南：放松面试的常见问题及应答脚本

下面列出了几个常见的轻松面试问题和对应的应答脚本。

"你的兴趣爱好是什么？"

面试官提问的考察要点：全面了解应聘者的性格特点、工作与生活的平衡、团队精神、职业发展方向、适应能力和沟通能力。通过这些信息，面试官可以更好地评估应聘者是否适合公司文化和团队环境，并预测其在工作中的表现。

应答脚本

我最大的爱好是阅读，特别是历史和文学类书籍。（简短应答）

阅读让我能静下心来思考，也让我不断学习新知识。此外，我也热衷于参加公益活动，如支教和社区服务。我认为，通过帮助他人，不仅能提升自我，还能更好地理解团队合作的重要性。（反客为主）

"你最喜欢的一部电影是什么？"

面试官提问的考察要点：更深入地了解应聘者的多个方面，包括沟通表达能力、价值观和性格特点、兴趣爱好、创新思维、情感状态和抗压能力、文化素养与审美水平等。

> 我最喜欢的电影是《阿甘正传》。它讲述了一个智力有限但意志坚定的人如何克服重重困难，最终成就非凡人生的故事。（简短应答）
>
> 其实，我看电影不仅仅是为了娱乐，也会思考电影背后的深层含义。例如，《阿甘正传》中的"生活就像一盒巧克力，你永远不知道下一块是什么味道"这句话，让我深刻体会到了生活的不可预测性和保持开放心态的重要性。（反客为主）

"你最近在读什么书？"

面试官提问的考察要点：了解应聘者的学习习惯、知识储备、思维方式、兴趣爱好和文化素养等多个方面，以评估其是否与公司的需求和发展方向相匹配。

> **应答脚本**
>
> 我最近在读《原则》这本书，它是瑞·达利欧的经典之作。（简短应答）
>
> 读书是我个人成长的必经之路，尤其是《原则》这样的经典之作，不仅带给我很多启示，还为我提供了在工作中解决问题的方法。我觉得读书对我们每个人的职业发展都是非常重要的。（反客为主）

"你是否喜欢旅行？去过哪些地方？"

面试官提问的考察要点：了解应聘者的性格、生活方式、自我管理能力和适应能力等方面的信息。通过这些信息，面试官可以更好地评估应聘者是否适合公司和团队的氛围，以及他们在未来的工作中能否适应公司环境并有良好的表现。

应答脚本

我去过国内的一些城市，例如北京、上海和杭州，还有欧洲的一些国家，如法国和意大利。（简短应答）

在旅行中，我学会了更好地规划行程、适应不同的文化和环境。这些经历也让我更加开放和包容，能够更好地融入团队和适应新的工作环境。（反客为主）

第 10 章

16 个常见面试难题的应对技巧

01　问动机：强调人岗匹配

对应聘者而言，动机类问题可能是难点，因为这类问题不仅难回答，而且对面试结果有很大的影响。对面试官而言，动机类问题是一类非常关键的问题，因为面试官可以通过这个问题评估应聘者从事该工作的可能性。因此，在面试环节，面试官特别关注应聘者的动机。

什么是动机类问题

面试官提出的动机类问题主要用于询问应聘者应聘某个职位或公司的动机和原因。求职动机通常与应聘者的职业目标、个人兴趣、发展前景等方面有关。

> **关于动机常见的问题**
> "为什么选择我们公司？"
> "为什么选择这个职位？"
> "你认为这个职位最吸引你的是什么？"

强调人岗匹配

面试官询问求职动机的目的是深入了解应聘者的职业目标、职业规划，以评估其与公司和职位的匹配程度。因此，应聘者若想提高面试成功率，需要准确把握动机类问题的核心——人岗匹配，在回答问题时着重强调自己与职位的匹配程度（如图 10-1 所示）。

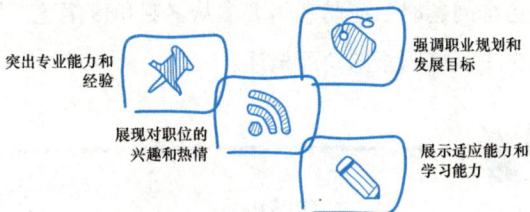

图 10-1　强调"人岗匹配"

　　突出专业能力和经验。应聘者应强调自己的专业能力和经验，以及过去的工作成就，证明自己具备胜任该职位的能力和素质。

　　展现对职位的兴趣和热情。应聘者可以表达自己对该职位的理解和兴趣，并说明为什么认为自己适合这个职位。

　　强调职业规划和发展目标。应聘者应强调自己的发展目标和职业规划，以及在该公司实现这些目标的可能性，证明自己对该职位的兴趣和投入。

　　展示适应能力和学习能力。应聘者应展示自己的适应能力和学习能力，例如，快速适应新环境、新挑战、工作压力等，以及不断学习和提高自己的能力。

动机类问题的应答脚本

以下列出了面试官常问的两个动机类问题和对应的应答脚本。

"为什么会选择我们公司？"

面试官询问这个问题的主要目的：考察应聘者是否了解本公司，是否发现了本公司的独特之处。

在回答这个问题时，应聘者需要多从客观角度阐述，尽量以事实为基础，减少主观性因素的负面描述。

> ### 应答脚本
>
> 　　我的职业规划是在 ×× 行业深耕细作，而贵公司所从事的业务领域和提供的职位与我的职业规划高度契合。经过在网上搜索和向朋友咨询，我发现贵公司在行业中拥有丰富的业态和稳固的市场地位，同时公司的文化和工作氛围也完全符合我的期望。我相信在贵公司，我能更快地成长并学习到更多的知识。

"为什么选择这个职位？"

面试官询问这个问题的主要目的：考察应聘者是否了解这个职位的职责和要求，以及是否具备胜任这个职位的能力。

在回答这个问题时，应聘者需要合理阐述求职动机，可以从行业 / 职位 / 公司 / 平台等多个角度阐述，重点强调自己与职位的匹配度。

> ## 应答脚本
>
> （跨行版）我一直以来都对 ×× 行业充满兴趣。之前的工作经历让我接触过相关的项目，例如 ×××。我也通过朋友了解过该行业和职位的概况，在我看来，这个职位的核心技能要求是 ×××，而我的经验恰好符合。
>
> （跨岗版）作为营销专业人士，我的日常工作与内容运营联系紧密，因此对运营工作非常了解和热衷。我们团队负责推进和执行日常的商业运营项目，例如 ×××。因此，在技能方面，我能够迅速上手部分工作，包括 ××，并能够帮助团队补齐在 ××× 方面的能力。

02　问经验：了解真实意图，展示对方想要的

很多应聘者在回答关于经验的问题时容易陷入一个误区，就是挑自己觉得有用的内容进行描述。例如，介绍自己在学生会当过干部、参加过社团等。这种普遍化的描述，很容易让面试官审美疲劳。相反，那些高情商的应聘者总是会了解面试官的真实需求，展示对方想要的。这样面试官才会有兴趣听应聘者说下去，这一点很重要。

什么是经验类问题

经验类问题是指与应聘者的工作经验相关的问题，用以评估应聘

者是否符合所应聘职位的要求，以及其是否能够胜任该职位。

> **关于经验常见的问题**
>
> "你有相关工作经验吗？"
>
> "你没有相关工作经验，怎么证明你能匹配职位呢？"
>
> "你有哪些工作经验？"
>
> "请描述一下你的工作经验。"
>
> "你在上一份工作中的主要职责是什么？"
>
> "你是否有过领导项目的经验？你是如何管理项目的？"

了解真实意图，展示对方想要的

在回答经验类问题时，应聘者要了解面试官的考察点，然后展示面试官想要的（如图 10-2 所示）。这样才能击中面试官的内心，提高面试成功率。

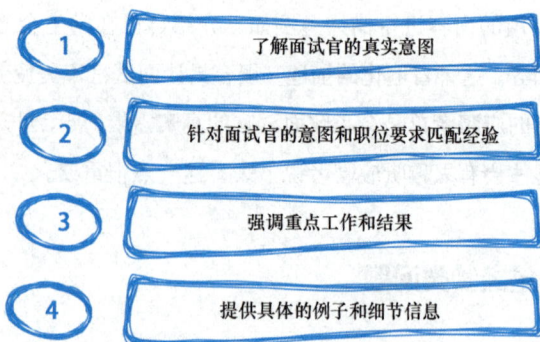

1. 了解面试官的真实意图
2. 针对面试官的意图和职位要求匹配经验
3. 强调重点工作和结果
4. 提供具体的例子和细节信息

图 10-2　展示面试官想要的

　　了解面试官的真实意图。应聘者可以通过对职位的了解，以及回答问题过程中面试官的反应和提问方式，确定面试官关注哪些方面的能力和经验。

　　针对面试官的意图和职位要求匹配经验。应聘者可以突出自己与面试官的意图及该职位要求匹配的经验，并强调自己具备与该职位匹配的能力和素质。

　　强调重点工作和结果。应聘者可以突出重点工作和取得的成果，并强调自己对这些工作的贡献和影响，展示自己的工作能力和素养。

　　提供具体的例子和细节信息。应聘者可以提供具体的例子和细节信息来支持自己的观点和经历。这可以让面试官更好地了解应聘者的能力和素质，并增加其对应聘者的信任和认可。

● 经验类问题的应答脚本

　　以下分别从有工作经验和没有工作经验的角度设计经验类问题的应答脚本。

　　"你有相关工作经验吗？"（有工作经验版）

　　通过面试官的一系列提问，应聘者可了解到面试官想考察自己是否具备与所应聘职位相关的工作经验和技能。作为一名有相关工作经验且经验比较丰富的应聘者，回答这个问题时可以重点强调工作经验的相关性，并量化自己的成就。同时，应聘者态度要诚恳，表达时要自信而不傲慢、自大。

应答脚本

是的，我有相关的工作经验。我在过去的工作中担任了与这个职位相似的职位，积累了丰富的经验和技能。

在我的上一份工作中，我负责管理一个团队，带领团队完成了多个项目。我们团队在 ×× 项目执行过程中，通过优化流程和提升效率，成功减少了 10% 的项目成本，同时提前两周完成了项目。这个成就在公司内部得到了广泛的认可，也让我深感自豪。

"你没有相关工作经验，怎么证明你能匹配这个职位呢？"（无工作经验版）

对没有工作经验的应届毕业生来说，他们总是很担心面试官在面试时提出经验类问题，质疑他们工作经验不足，无法胜任工作。实际上，到了面试环节，面试官已经通过简历上的信息了解了应聘者的工作经验。所以，这个时候面试官提出经验类问题的目的，不是质疑应聘者，而是想进一步了解应聘者对没有工作经验的看法及其具备哪些胜任职位的能力。

基于面试官的这些需求，即便是没有工作经验的应届毕业生，也可以给出令面试官满意的答案。

> **应答脚本**
>
> 　　我是一名应届毕业生，虽然没有工作经验，但我具备快速学习和适应的能力。在大学期间，我通过不断学习和实践，掌握了 ××× 方面的专业知识和技能，具备良好的自学能力。我相信自己能够通过培训和学习，迅速掌握与这份工作相关的知识和技能。

03　问学历：承认事实，突出技能和职位适配

　　相比学历较高的应聘者，学历较低的应聘者更担心面试官提出关于学历的问题。不少学历较低的应聘者会因为自己的学历不高而感到自卑，所以在面试官提问学历时畏首畏尾，担心面试官有成见，反而忽视了面试时真正需要向面试官展示的实力。

　　学历要求是面试官设置的门槛，达不到的人会被拒之门外，而能够来到面试这个环节的人，其实已经通过了这个门槛。所以，在面试官提出关于学历的问题时，无论学历高低，应聘者都要大方自信地表达，承认事实，并突出自己的技能和职位适配。

什么是学历类问题

　　学历类问题是指与学历相关的问题，面试官提出学历类问题的目的是了解应聘者的教育背景、专业知识和技能水平。

> **关于学历常见的问题**
>
> "你的学历背景是什么？"
>
> "你如何看待学历与能力？"
>
> "你怎么评价自己所在的学校？"
>
> "身为专科生的你和本科生相比有什么优势？"

● 承认事实，突出技能和职位适配

学历是无法改变的，而且学历并不代表能力，因此，应聘者在回答面试官提出的关于学历的问题时要承认事实，并重点突出技能和职位适配（如图 10-3 所示）。这才是面试官提出学历类问题想获取的主要信息。

承认客观事实　　　　突出技能和职位适配

图 10-3　承认客观事实，突出技能与职位适配

承认客观事实。回答学历类问题时，不要试图造假或夸大自己的学历背景和成绩。因为诚实是建立信任的基础，如果应聘者造假或夸大自己的学历背景和成绩，面试官很可能会发现并质疑，这将影响应聘者的诚信度和本次的面试结果，甚至会影响应聘者未来的职业发展。

突出技能和职位适配。在回答问题时，应聘者可以强调自己在学校或实践中获得的实际技能和经验，特别是与所应聘职位相关的技能和经验。例如，应聘者学习的是市场营销专业，那么可以描述自己在校期间学习过市场调查、数据分析等技能，并说明这些技能与所应聘职位的相关性。

学历类问题的应答脚本

以下分别从高学历和低学历两个角度设计学历类问题的应答脚本。

"你的学历背景是什么？"（高学历版）

学历较高的应聘者在回答关于学历的问题时，要诚实回答学历，突出优势，并避免过分强调学历。

> **应答脚本**
>
> 我拥有 ×× 大学 ×× 专业的硕士学位。在校期间，我不仅学习了专业的理论知识，还培养了解决问题的能力。例如，我在 ×× 课程中，通过项目实践，掌握了 ×× 技能，这对我的实际工作有很大的帮助。
>
> 同时，我也非常注重实践经验的积累。在 ×× 实习期间，我负责了 ×× 项目，从中我学到了很多关于团队协作、项目管理等方面的经验。这些经验使我能够更好地适应和融入工作环境，提升工作效率。
>
> 我相信这些技能与我所应聘的职位非常匹配，能够为公司带来实际的效益。

"你的学历背景是什么？"（低学历版）

学历较低的应聘者在回答关于学历的问题时，要坦诚面对自己的学历情况，不要试图掩盖或回避。承认学历的不足，重点强调自己在其他方面的优势和潜力，突出技能和职位适配，证明自己可以胜任这份工作。

> **应答脚本**
>
> 我明白学历是您考虑候选人的一个重要因素。虽然我目前的学历不是很高，但我相信我的实际经验和技能可以弥补这一

不足。

在我任职的上一家公司，我从事的是 ×× 工作，积累了丰富的经验。这些经验让我对 ×× 领域有了深入的了解，并具备了快速学习、适应新环境和与同事合作的能力。同时，我也非常注重团队协作和沟通能力的培养。我始终认为，一个人的能力不仅取决于学历，还取决于他的态度和团队协作能力。

我相信这些技能和经验将有助于我在贵公司的这个职位上作出贡献。

04　问优势：结合职位职责和要求介绍核心竞争力

如果应聘者认为面试官问优势的意图只是想了解自己的长处、优点，那就很可能无法给出令面试官满意的答案。因为比起应聘者的其他长处、优点，面试官更希望了解应聘者是否具备职位要求的技能、特点和经验。基于此，面试官才能更精准地评估应聘者是否适合该职位。

所以，面试官提出关于优势的问题时，应聘者切忌天马行空地讲述自己的优点，而应当结合职位职责和要求介绍核心竞争力。

● 什么是优势类问题

优势类问题通常用于询问应聘者相对于其他竞争者，在某个特定职位或领域中所具备的优势和特长。面试官提出这类问题通常是为了了解应聘者是否具备胜任该职位所需的技能、经验和能力。

> ❝
>
> ### 关于优势常见的问题
>
> "你最大的优势是什么？"
>
> "你有什么特别的优势能够让我们选择你？"
>
> "你的核心竞争力是什么？"
>
> ❞

● 结合职位职责和要求介绍核心竞争力

面试官提出优势类问题时，应聘者应在充分了解职位职责和要求的基础上，介绍自己的核心竞争力（如图 10-4 所示）。

说明优势 → 给出事例 → 强调对职位的作用和价值

图 10-4　结合职位职责和要求介绍核心竞争力的思路

说明优势。在介绍自己的优势时，要突出与职位职责和要求相关的专业技能和经验。例如，如果你应聘的是销售职位，那么你可以强调自己的销售技巧、谈判能力和市场分析能力。

给出事例。通过举例说明你在工作中的成就和贡献。例如，你可以分享一个你在以前的职位中利用你的领导能力成功带领团队完成项目的案例。这样可以更加生动地展示你的优势，并让面试官更好地理解你的价值。

强调对职位的作用和价值。你可以强调自己对所应聘职位的理解和认知，重点强调自己所具备的能力能为该职位带来的作用和价值，例如，"我相信我的专业知识和经验、热情和专注、解决问题的能力将使我在这个职位上发挥出色。"

优势类问题的应答脚本

以下列出了面试官常问的两个优势类问题和对应的应答脚本。

"你最大的优势是什么？"

一般，面试官本质是想了解应聘者具备哪些职位竞争力，回答这类问题时，应聘者要聚焦职位职责和要求，介绍自己的核心竞争力，放大自己的优势。

应答脚本

作为资深策划，我认为我的优势在于具有丰富的经验和创新思维。

在我之前的工作中，我们公司举办了一场大型的年度庆典活动。我作为策划团队的核心成员，负责整个活动的策划和执行，提出了许多创新的想法和方案。例如，我设计了一个互动环节，让观众可以通过手机参与投票，选出他们最喜欢的节目。这个环节不仅增加了观众的参与度，也提高了活动的互动性和趣味性。

我相信我的这些工作经验和能力将使我在这个职位上发挥出色，为公司创造价值。

"你有什么特别的优势能够让我们选择你？"

应答脚本

首先，我认为我的优势在于我的专业技能和经验。我在过去的几年里一直从事与这个职位相关的工作，积累了丰富的经验和技能。这些经验和技能使我在处理复杂问题、制定解决方案和高效执行任务方面具有独特的优势。

其次，我具备优秀的团队合作和沟通能力。在过去的工作中，我与同事们紧密合作，共同完成了许多项目。我擅长与不同背景的人沟通，能够有效地协调团队成员之间的合作，确保项目的顺利进行。

最后，我对这个职位有着深刻的理解和极大的热情。我对公司的业务和发展方向非常感兴趣，认为这个职位能够充分发挥我的能力和潜力。我相信我的优势和经验将为这个职位带来积极的影响和贡献。

05　问缺点：真实又无伤大雅

被问到缺点时，很多应聘者觉得很难回答，纠结该不该暴露自己真实的缺点。应聘者担心说出自己真实的缺点可能无法被录用，而隐瞒自身的缺点又会让面试官觉得自己不够真诚，影响面试结果。应答的关键就在于把握好"度"。

什么是缺点类问题

面试官提出的缺点类问题通常是询问应聘者对自己在某个特定职位或领域中所存在的不足或缺陷的认识。

关于缺点常见的问题

"你认为自己最大的缺点是什么？"

"你认为自己有哪些地方需要改进？"

"你认为自己在这个职位上有什么不足？"

"你认为自己在哪些方面需要进一步提高？"

"你如何克服自己存在的缺点？"

● 真实又无伤大雅

　　面试官问缺点类问题的目的不是让应聘者难堪，而是了解应聘者是否具备自我反思和自我改进的能力，以及应聘者如何应对和克服自己的不足。所以，应聘者要做的是说明自己真实又无伤大雅的缺点（如图 10-5 所示）。

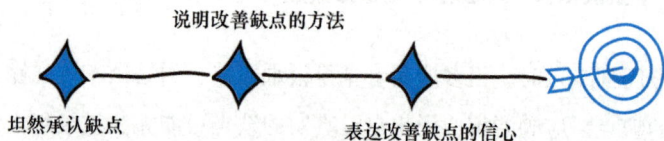

说明改善缺点的方法

坦然承认缺点　　　　　　　　表达改善缺点的信心

图 10-5　说明缺点的思路

　　坦然承认缺点。在回答中，应聘者不要试图掩饰或规避自己的不足，而要坦诚地承认自己的缺点。这样做可以让面试官更好地了解应聘者的真实情况，同时也展示出应聘者的诚实和坦率。

　　说明改善缺点的方法。应聘者可以说明自己已经采取了哪些方法来改进自己的缺点。这可以展示应聘者的自我反思能力和自我提升的意愿。

　　表达改善缺点的信心。应聘者要进一步强调自己改善缺点的信心和决心。

缺点类问题的应答脚本

　　一般，应聘者只要按照"承认缺点—给出改善方法—表达信心"的思路，就可以顺利地回答这类问题。

　　以下列出了两个常见的缺点类问题和对应的应答脚本。

　　"你认为自己最大的缺点是什么？"

应答脚本

　　我的性格比较急躁，凡事追求完美。（承认缺点）

　　为了改善这个问题，我一直在学习如何更好地管理自己的情绪和时间。例如，我会制定详细的工作计划，避免让自己过于紧张和焦虑。同时，我也会学习如何接受不完美的结果，并从中吸取教训，不断提高自己的工作表现。（给出改善方法）

　　我相信，通过这些努力，我能够克服这个缺点，并在工作中取得更好的成绩。"（表达信心）

　　"你认为自己有哪些需要改进的地方？"

应答脚本

　　我不善于拒绝别人，特别是身边的人。（承认缺点）

　　　　为了改善这个问题，我一直在学习如何更好地表达自己的想法和感受。例如，我会先感谢对方的邀请或请求，然后明确地表达自己的想法和理由。同时，我也会学习如何拒绝别人，并避免让对方感到不舒服或失望。（说明改善方法）

　　　　我相信，通过这些努力，我能够更好地处理这类情况，并在工作中更加自信和果断。（表达信心）

06　问转行：真诚表达动机，贴合职位介绍能力

　　很多人毕业后从事与所学专业不对口的工作。面对越来越多的跨行业应聘者，面试官也发出了追问："你为什么要转行？"

　　看似简单的问题，却难倒了不少跨行业应聘者，大家很容易踩坑。例如，"这个行业很热门，而且工资高""我不喜欢自己的专业，所以想换个行业试一试"等，如果这样回答，那么这次面试很可能到此就结束了。

什么是转行类问题

　　面试官提出的转行类问题通常是询问应聘者从之前的工作领域转换到新的工作领域的原因、经历和计划。

关于转行常见的问题

"你为什么要转行？"

"你对转行后的新行业有什么了解？"

"你之前的工作经历与这个职位有什么关联？"

"你如何看待自己在转行过程中的挑战和机遇？"

"你认为你具备哪些适合转行后新职位的技能和经验？"

"你如何看待转行带来的风险和挑战？"

"你是否已经为转行做了充分的准备？"

"你认为你的转行经历会为我们公司带来什么价值？"

真诚表达动机，贴合职位介绍能力

面试官提出转行类问题的目的是考察应聘者的转行动机、工作稳定性、职业规划和学习能力等，评估他们是否具备新行业所要求的技能和经验。

因此，当面试官问为什么转行时，应聘者需要真诚地表达自己的动机，并贴合职位介绍自己的能力（如图 10-6 所示）。这样能够让面试官更好地了解应聘者的真实情况和潜力，从而做出更准确的评估和决策。

图 10-6　介绍转行情况的思路

　　坦诚分享自己转行的原因。需要注意的是，在表达转行原因时要尽量客观，避免过于主观或情绪化。

　　贴合职位介绍自己的能力。转行前的一些技能和经验可以为应聘者在新行业中提供一定的优势和基础。例如，如果应聘者从 IT 行业转行到市场营销行业，那么可以描述自己在 IT 行业中所获得的沟通、团队合作和项目管理等技能，并说明这些技能如何有助于自己在市场营销行业中取得成功。

　　说明自己为转行所做的相关准备。这包括对新行业的了解和研究、参加相关的培训课程、寻找相关实习或工作机会等。

　　表达转行决心和信心。应聘者可以强调自己对新行业的兴趣和热情，表达在新行业中取得成功的决心和信心，展示出对职业发展的积极态度和追求。

转行类问题的应答脚本

一般，应聘者要做的是真诚表达，并聚焦转行后的新职位，贴合职位介绍自己所具备的相关能力，以及介绍自己具备应对转行风险和自我调整的能力。

以下列出了面试官常问的两个转行类问题和对应的应答脚本。

"你为什么要转行？"

应答脚本

我之所以想转行，是因为我对当前行业的发展趋势和前景不太看好，而我对新行业有着浓厚的兴趣和充分的了解。（坦诚分享自己转行的原因）

我认为自己具备胜任新职位的技能和经验，例如，在原行业中积累的项目管理和团队协作技能，以及不断学习和适应新环境的能力。（贴合职位介绍自己的能力）

为了准备转行，我已经自学了一些新行业的相关知识和技能，参加了一些培训课程和行业会议，并且正在寻找机会加入相关的实习或项目。（说明自己为转行所做的相关准备）

我相信，通过我的努力和准备，我能够成功地适应新行业，并为公司带来价值。（表达转行决心和信心）

"你如何看待转行带来的风险和挑战？"

应答脚本

首先，我非常清楚转行确实会带来一定的风险和挑战。然而，我选择转行并非盲目，而是基于对自身职业发展的深思熟虑。（坦诚分享自己转行的原因）

其次，我认为自己具备新职位要求的能力和经验，例如，项目管理能力、团队协作能力等。（贴合职位介绍自己的能力）

再次，为了降低转行带来的风险和挑战，在转行的过程中，我已经开始积极学习和提升自己的能力。我参加了相关的培训课程和研讨会，了解了新行业的基本知识和技能要求。（说明自己为转行所做的相关准备）

最后，我想强调的是，转行并非一蹴而就的过程，它需要时间、努力和持续地学习。然而，只要我对自己的职业发展保持清晰的规划，并持续努力提升自己的能力，我相信我能够克服转行带来的风险和挑战，在新行业中取得成功。（表达转行决心和信心）

07　问离职：讲清原委，避免虚伪

作为职场人，无论以何种方式面试新工作，基本都逃不过面试官问你从上一份工作离职的原因。对面试官来说，一个人离开公司的原因多少能反映出这个人的个人情况，他们可以通过询问离职原因考察应聘者是否稳定，能否在公司长久地干下去。

什么是离职类问题

　　面试官提出的离职类问题通常是询问应聘者为什么从之前的公司离职，以及在离职过程中经历了哪些困难和挑战。

> **关于离职常见的问题**
>
> "你为什么离开上一家公司？"
>
> "在你离职的过程中，你和之前的同事及领导是如何沟通的？"
>
> "你离职是出于个人原因还是公司原因？"
>
> "你在离职的过程中遇到了哪些困难？"
>
> "你如何处理离职过程中遇到的困难？"
>
> "你是否出于某些原因被辞退或解雇过？"

讲清原委，避免虚伪

　　面试官提出离职类问题旨在了解应聘者的工作经历、职业发展规划及他们对待工作的态度和价值观。

　　在回答这类问题时，应聘者应该尽量客观、诚实地回答，并避免涉及个人隐私或负面情绪，同时也要展示自己的适应能力和职业发展规划，以增大被录用的机会（如图 10-7 所示）。

诚实回答

讲清原委

正面表达

强调自己的积极态度

图 10-7　说明离职情况的思路

诚实回答。在回答离职原因时，一定要诚实。不要试图掩盖或歪曲事实，这可能会让面试官对你的诚信产生怀疑。

讲清原委。尽量提供具体的离职原因，而不是使用模糊或笼统的语言。例如，你可以提到公司裁员、个人发展机会有限、家庭原因等。

正面表达。尽量用正面的语言来表达离职原因，避免对前公司或同事进行负面评价。即使你在前公司有不愉快的经历，也要保持冷静和专业，不要表现出负面情绪。

强调自己的积极态度。在回答离职相关问题时，可以强调自己的积极态度和职业道德。例如，可以说明自己在离职过程中如何与同事和领导进行沟通、如何办理相关手续等。

● 离职类问题的应答脚本

一般，应聘者不仅要讲清原委，还要保持积极的态度，突出个人的成就以及个人的沟通能力和协作能力，并避免负面评价前公司、领导、同事。

以下列出了面试官常问的两个离职类问题和对应的应答脚本。

"你为什么离开上一家公司？"

> **应答脚本**
>
> 我离职的主要原因有两个方面。
>
> 首先，我在公司里虽然积累了一些经验，但我发现我的职业发展遇到了瓶颈。我渴望更多的挑战和机会，以进一步提升我的技能和经验。
>
> 其次，我希望能够在一个更加注重员工发展和成长的公司中工作。我认为我在原来的公司中无法得到更多的机会和挑战，这让我感到有些失落。
>
> 尽管如此，我在前公司中仍然学到了很多东西，并且我非常感谢那里的同事和领导，他们给了我很多支持和帮助。

"在你离职的过程中，你和之前的同事及领导是如何沟通的？"

> **应答脚本**
>
> 在离职过程中，我与之前的同事和领导进行了充分的沟通和交流。
>
> 首先，我与领导进行了面谈，表达了自己的离职意愿和原因，领导也理解并尊重我的决定。
>
> 然后，我与同事们进行了告别，感谢他们在我工作期间的帮助和支持。我尽量保持了积极的态度，避免给团队带来过多的负面影响。
>
> 在离职过程中，我积极与各方沟通，确保工作的顺利交接和相关手续的完善。

08　问前公司：列优点，感恩提携

不少应聘者在面对与前公司相关的问题时，会坦诚地分享对前公司的看法，其中不乏一些"吐槽""差评"。这时候面试官并不会被你的真诚打动，而会反过来思考"你现在吐槽前东家，那以后如果离开了我们公司，是不是也会吐槽公司呢"。这样的想法对面试官的用人决策会造成很大的负面影响。

所以，为了提升面试的成功率，应聘者在回答关于前公司的问题时，应聚焦前公司的好处，列前公司的优点，并感恩前公司的提携。

什么是前公司类问题

　　面试官提出的前公司类问题主要是询问应聘者在前公司的工作经历、公司文化、同事关系、离职原因等。这些问题通常与应聘者的职业背景、工作经验、人际关系等方面有关。

> **关于前公司常见的问题**
>
> "你如何评价上一家公司？"
>
> "你觉得上一家公司有哪些需要改进的地方？"
>
> "你认为上一家公司对你的职业发展有何影响？"
>
> "你认为上一家公司的管理存在哪些问题？"

列优点，感恩提携

　　面试官在面试时问前公司类问题是为了更好地了解应聘者的职业素养、团队合作能力、成熟度等，以评估他们是否符合公司的需求。

　　这个时候面试官更期望应聘者对前公司展示积极友好的态度。因此，应聘者在回答前公司类问题时，应学会列优点、感恩提携。

　　列前公司的优点时，应聘者可以参考以下示例。

列前公司优点的示例

"前公司的工作环境和团队氛围非常好,让我能够充分发挥自己的能力和潜力。"

"前公司给予了我很多支持和帮助,让我在工作中不断成长和进步。"

"前公司的领导非常有能力和经验,我从他们身上学到了很多东西。"

"前公司的工作流程和协作方式非常高效,让我能够更好地与同事合作完成任务。"

感恩前公司提携时,应聘者可以参考以下示例。

感恩前公司提携的示例

"我非常感谢前公司给予我的机会和提携。在那里,我得到了很多宝贵的经验和成长,也结识了很多优秀的同事和朋友。我非常感激前公司对我的信任和支持。"

"我非常感谢前公司给予我的指导和帮助。公司的领导和同事们会支持和鼓励我,让我能够不断学习和进步。我非常感激他们的关心和帮助。"

"在前公司工作时,我得到了很多机会,也学到了很多知识和技能。公司的文化和氛围也非常好,让我感到非常舒适和自在。我非常感激前公司给予我的机会和提携。"

前公司类问题的应答脚本

一般，面试官提问的目的是考察应聘者对前公司的态度和看法，所以应聘者可以正面表达，列优点并感恩提携。

以下列出了面试官常问的两个前公司类问题和对应的应答脚本。

"你如何评价上一家公司？"

应答脚本

我非常感激上一家公司给予我的机会。在上一家公司工作期间，我获得了很多宝贵的经验和技能，这对我的职业发展有着深远的影响。

首先，上一家公司在行业内有着良好的声誉和地位，他们注重员工的成长和发展，提供了丰富的培训和学习机会。这使得我能够不断提升自己的能力和知识水平。

其次，我非常感谢上一家公司的领导和同事。他们给予了我很多指导和支持，帮助我克服了工作中的挑战和困难。他们的专业素养和团队精神深深地影响了我，让我明确了自己的职业目标和方向。

最后，我想说，我非常感谢他们的培养和信任，也感谢他们在我职业生涯中留下的宝贵财富。

"你觉得上一家公司有哪些需要改进的地方？"

这个问题似乎是在问前公司的缺点，但面试官提这个问题的本质依然是考察应聘者对前公司的看法和态度。

> **应答脚本**
>
> 在上一家公司的工作中，我深刻地感受到了公司对员工的关心和重视。上一家公司提供了许多良好的培训和发展机会，让我能够不断提升自己的能力和技能。同时，上一家公司的文化和价值观也与我个人的理念非常契合，让我能够更好地融入团队和工作环境中。
>
> 如果一定要说上一家公司有哪些需要改进的地方，我认为上一家公司在某些方面的流程和制度仍有优化空间。当前的流程和制度尚不够完善，导致一些工作的效率和质量受到影响。如果能够优化这些流程和制度，将有助于提高整体的工作效率和质量。
>
> 总的来说，即使上一家公司还有一些需要改进的地方，我也会以感恩的心态看待这段经历。同时，我也希望能够在未来的工作中，为公司的发展贡献自己的力量。

09 问空窗期：展示自我成长，强调求职决心

应聘者通常会把自己的工作经历写在简历上，以体现自己的职场资历和工作经验。然而，有时候不同工作经历之间并不能无缝衔接，

这个时候面试官就会对此产生疑惑。如何巧妙地解答面试官的这个疑惑成了应聘者关心的问题。

那么，如何解释简历中的空窗期呢？

什么是空窗期类问题

面试官提出的空窗期类问题通常是询问应聘者在离职后到重新找到工作之间的时间段里做了哪些事情，以及产生空窗期的原因。

> ### 关于空窗期常见的问题
> "你为什么有近两年的空窗期？"
> "你在过去的空窗期中做了些什么？"
> "你的空窗期对未来的职业发展有什么影响？"
> "你在空窗期中是否有学习和成长？"
> "你在空窗期中是否考虑过其他工作机会？"

展示自我成长，强调求职决心

面试官问空窗期类问题的意图是通过了解应聘者空窗期的经历和对空窗期态度，更好地评估应聘者的能力、自我认知、职业态度和适应能力等方面的情况，从而为公司的招聘决策提供更有价值的信息。基于此，应聘者在回答时要重点展示自我成长，强调求职决心（如图 10-8 所示）。

解释产生空窗期的原因

展示持续学习的态度

强调反思和规划

分享经验和成长

强调求职的积极态度

图 10-8 空窗期类问题的应答思路

解释产生空窗期的原因。例如，为了进一步学习、探索个人兴趣、旅行、参与志愿服务等。强调空窗期是有计划、有意义的，而不仅仅是为了休息或无所事事。

展示持续学习的态度。描述在空窗期内，你如何进行持续学习和发展。例如，参加培训课程、进修、阅读相关书籍等，以提高自己的技能和知识水平。

强调反思和规划。描述你如何利用这段空窗期进行自我反思、规划未来，以及如何为下一份工作做好准备。这可以展示你的职业规划和目标意识。

分享经验与成长。分享在空窗期中获得的重要经验与成长，如在解决问题、团队合作、沟通交流等方面的成长。这些经验与成长可以为未来的工作提供有价值的基础。

强调求职的积极态度。在整个回答中，要强调你对未来工作的积极态度和热情。表明尽管有短暂的空窗期，但你一直在为未来做准备和努力。

在回答空窗期类问题时，强调求职决心是展示应聘者对未来工作的积极态度和所做准备的重要方面。在表达时，要强调以下几点（如图 10-9 所示）。

1 表达对职位的浓厚兴趣
2 描述求职过程
3 强调适应性和学习能力
4 强调求职目标
5 保持积极态度

图 10-9 强调求职决心的表达重点

表达对职位的浓厚兴趣。强调你对这份工作的兴趣和热情，以及你为什么认为这个职位是适合你的。这可以展示你对求职的积极态度和决心。

描述求职过程。描述你为了找到这份工作所做的努力和准备。这可以展示你对求职的决心和投入。

强调适应性和学习能力。说明你如何快速适应不同的工作环境和任务，以及你如何快速学习新知识和技能。这可以展示你的学习和适应能力。

强调求职目标。描述你为什么想加入这家公司，以及你希望在这家公司中实现什么样的目标。这可以展示你对这家公司的了解和你的求职目标，从而增强面试官录用你的信心和决心。

保持积极态度。在整个回答中，应保持积极的态度和自信的语气。强调你对未来工作的热情和决心，并展示你愿意为公司的发展作出贡献。

空窗期类问题的应答脚本

无论有多长时间的空窗期，应聘者都不用畏惧面试官提出的这类问题。因为对面试官来说，比起空窗期，他们更在意你在这段时间是否获得了成长，是否还有进入职场的决心。所以，应聘者回答时要重点展示自我成长，强调求职决心。

以下列出了面试官常问的两个空窗期类问题和对应的应答脚本。

"你为什么有近两年的空窗期？"

> **应答脚本**
>
> 近两年的空窗期的确是我职业生涯中的一个特殊阶段，但在这段时间里，我并没有停止自我成长和提升。
>
> 这段时间里，我参加了多场行业研讨会和培训课程，深入了解了行业动态和发展趋势。同时，我也自学了新的技能和知识。
>
> 我要强调的是，虽然我有近两年的空窗期，但我对求职的决心从未动摇。我深知自己的职业目标和发展方向，也相信自己的能力和潜力。因此，我非常期待能够加入贵公司，为公司的发展贡献自己的力量。

"你的空窗期对未来的职业发展有什么影响？"

> **应答脚本**
>
> 首先，在空窗期这段时间里，我积极地进行了自我反思和规划，明确了自己的职业目标和发展方向。同时，我也利用这

段时间加强了自我学习和技能提升，为未来的职业发展打下了坚实的基础。

其次，我的空窗期让我更加珍惜未来的职业发展机会。在未来，我会更加努力地工作，为公司的发展贡献自己的力量。

最后，我想强调的是，空窗期对我的职业发展最大的影响是让我更加明确了自己的职业目标和发展方向而这也恰好是我本次应聘贵公司的一个非常重要的原因。

10　问胜任力：能力、态度的双维度匹配

随着雇主们对提升其识别优秀人才能力的需求越来越高，胜任力方面的问题在面试中出现的频率也越来越高。

这类问题虽然不容易回答，但它们让专业人士有机会在面试时对面试官展示自己的成绩和通用型能力，例如沟通能力、领导与管理能力、团队协作能力、自我管理能力等，从而有利于提升面试成功的概率。

● 什么是胜任力类问题

面试官提出的胜任力类问题主要是询问应聘者是否具备完成某项工作任务或达到某个绩效标准所需的能力和素质。这类问题通常与工作要求、技能、经验和知识等方面有关。

> ### 关于胜任力常见的问题
>
> "你具备完成这个工作所需的技能、经验和知识吗？"
>
> "你认为自己具备哪些技能和经验，能够胜任这份工作？"
>
> "你在之前的工作中是如何应对压力的？"
>
> "你认为自己最擅长的领域是什么？"
>
> "你在工作中如何处理复杂的问题和任务？"

能力、态度的双维度匹配

在回答胜任力类问题时，应聘者需要展示自己具备胜任工作所需的技能、经验和知识，并说明自己在实际工作中如何应用这些技能、经验和知识。同时，应聘者还需要强调自己能够应对工作中可能面临的挑战和压力，以证明自己具备胜任工作的能力和素质。

能力维度：展示自己的专业能力和技能。这包括你在相关领域的知识、经验和技能，以及在之前的工作中所取得的成就和表现。你可以举一些具体的例子，例如，你成功完成的项目、解决的问题或达成的目标，以证明你有足够的能力胜任这份工作。

态度维度：强调自己的态度和价值观与公司文化和目标职位相匹配。这包括你的工作态度、团队合作能力、沟通能力、自我驱动力和学习能力等。你可以举例说明自己在之前的工作中如何与团队协同合作、如何处理复杂的问题、如何达成目标等，以证明你有良好的态度和素质胜任这份工作。

胜任力类问题的应答脚本

一般，面试官想通过这类问题了解应聘者的技能和经验，以及应聘者的态度。所以，应聘者可以从能力、态度两个角度回答问题。

以下列出了面试官常问的两个胜任力类问题和对应的应答脚本。

"你认为自己具备哪些技能和经验，能够胜任这份工作？"

应答脚本

我认为自己在技能方面具备了胜任这份工作的能力。我在过去的工作中积累了丰富的经验和技能，包括项目管理和团队协作、数据分析与处理、沟通与谈判等。这些技能使我能够高效地完成工作任务，并与团队成员和客户保持良好的沟通。

我始终保持积极、认真的工作态度。我注重细节，追求卓

第 10 章 **221**
16 个常见面试难题的应对技巧

越，始终以解决问题为导向。同时，我也具备很强的学习能力和适应能力，能够快速适应新的工作环境和要求。

"你在之前的工作中是如何应对压力的？"

应答脚本

在之前的工作中，我遇到了一些压力，例如，需要在短时间内完成紧急任务或者处理突发事件。在这些情况下，首先，我会尽力保持冷静，不让情绪影响我的判断。然后，我会迅速分析情况，确定任务优先级，并制定一个可行的行动计划。如果有需要，我也会寻求同事或领导的帮助，以确保任务能够按时完成。

在面对压力时，我始终保持积极的心态和敬业的精神。我相信挑战和困难是成长的机会，所以，我会以乐观的态度去面对它们。

通过这些经历，我提升了自己在压力下的应变能力和解决问题的能力。

11 问期望：尽量避免直接回答

面试官在面试结束前通常喜欢提问，如"你对公司有哪些期望""你期望的薪资是多少"。很多应聘者认为这是非常棘手的问题，说多了怕自己被拒绝，说少了怕自己吃亏。

那么，如何巧妙地回答期望类问题呢？

什么是期望类问题

面试官提出的期望类问题主要是询问应聘者对未来职业发展的期望和目标。这类问题通常与应聘者的职业规划、晋升机会、薪资待遇等方面有关。

> **关于期望常见的问题**
>
> "你对公司的晋升机制有什么期望？"
>
> "你对未来的职业发展和公司提供的平台有什么期望？"
>
> "你对这份工作的期望和目标是什么？"
>
> "你希望通过这份工作学习哪些新技能和知识？"
>
> "入职后，你希望获得岗前培训？"
>
> "你希望在未来的工作中获得哪些方面的提升？"

尽量避免直接回答

当面试官提出期望类问题时，应聘者应该采取一些技巧避免直接回答（如图 10-10 所示）。因为直接回答可能会让面试官对我们的期望和目标产生误解或产生不准确的判断。

图 10-10　避免直接回答的技巧

　　模糊回答。对于期望类问题，应聘者可以采取模糊回答的方式，不直接给出明确的期望或目标。例如，可以说"我希望能够在贵公司发挥自己的能力，并不断学习和进步"。

　　强调态度和意愿。应聘者可以强调自己的态度和意愿，而不是具体的期望。例如，可以说"我非常愿意接受挑战和压力，并不断提升自己的能力和素质"。

　　转移话题。如果面试官继续追问与期望相关的问题，应聘者可以尝试转移话题，谈论其他与工作相关的话题，如公司的文化、团队氛围、发展前景等。

　　保持谦逊。应聘者可以保持谦逊的态度，不直接表达自己的期望，而是表示愿意从基层做起，通过努力工作来争取更好的发展机会。

期望类问题的应答脚本

以下列出了面试官常问的两个期望类问题和应对应答脚本。

"你对这份工作的期望和目标是什么？"

应答脚本

我认为每个工作都有其独特的价值和意义，对于这份工作，我主要希望能够在其中找到自我实现的途径，发挥自己的专业知识和技能，为公司的发展作出贡献。同时，我也期待能够在工作中不断学习和成长，提升自己的能力和经验，为未来的职业发展打下坚实的基础。

"入职后，你希望获得哪些岗前培训？"

应答脚本

如果我有幸成为公司的一名新人，我希望获得以下几个方面的培训。

首先是岗位业务培训。作为一名刚刚加入公司的基层新员工，我希望公司能开展岗位业务理论培训，以让我了解该岗位的工作流程、工作标准等，理论和业务实践的结合，能让我快速提升工作能力。

　　此外，我还希望公司能开展与企业文化有关的培训，这有助于我更好地理解公司的价值观和行为准则观，更好地融入公司文化，能让我提高工作满意度和归属感。

　　最后，打铁还需自身硬，无论公司有没有提供这些培训，我都会从这些方面入手认真学习相关内容，努力提升自己的工作能力，争取在工作中更好地发挥自己的潜力，以实现个人的价值，同时也努力为企业创造更多的价值。

12　问薪资：避免直接出价，巧妙展示自身价值

　　不少应聘者对薪资问题的态度是复杂且微妙的：既极度关注，因为薪资是满足其基本需求的基石；又心怀忧虑，担心自己在与面试官的谈判中表现欠佳，难以达成共识，无法拿到期望薪资。事实上，一旦面试官愿意和你谈薪资，就意味着你可能通过了面试考察，剩下的就是在薪资方面是否能够达成共识的问题。

● 什么是薪资类问题

　　薪资类问题指的是与薪资待遇相关的问题，包括基本工资、津贴、补贴、奖金、福利等方面的问题。这类问题通常用以评估应聘者对薪资的期望和要求是否合理，以及是否符合公司的薪资政策和标准。

> **关于薪资常见的问题**
>
> "你对薪资有什么要求？"
>
> "你的期望薪资是多少？"
>
> "你希望的薪资范围是多少？"
>
> "你上一份工作的薪资是多少？"
>
> "你过去的薪资增长状况如何？"
>
> "你认为自己为什么值得这个薪资？"

避免直接出价，巧妙展示自身价值

在面试官询问薪资类问题时，尤其是直接询问"你的期望薪资是多少"时，许多应聘者会直接给出期望薪资的区间，例如，"我期望的薪资范围是 8000~10000 元"。这种回答方式可能存在一定的风险。

面试官往往会将应聘者的期望薪资视为可谈判的空间，因此他们会以应聘者的最低薪资要求为基础进行谈判，甚至进一步压低薪资。

为了确保自己的利益，应聘者在回答此类问题时应谨慎考虑，避免直接出价，并采取更有策略性的方式来表达自己的期望薪资（如图 10-11 所示）。

图 10-11　避免直接出价的技巧

设置薪资底线。在面试之前，你可以通过各种渠道了解应聘职位的市场薪资水平、行业内的薪资评估范围及各种福利待遇，形成合理的心理预期。这样可以为自己在面试中设置一个可接受的薪资底线，避免在谈判中被压低薪资。

踢回皮球。当面试官提出与薪资相关的问题时，你可以采取一种更有策略性的方式来回答，而不是直接给出具体的数字。你可以反问面试官薪资结构和应聘职位的薪资区间，例如，"我相信贵公司有非常完善的薪资体系和福利待遇，您能给我详细介绍一下吗？"通过这种方式，你可以了解更多关于公司薪资体系的信息，从而更好地评估自己的期望薪资是否符合市场和公司的标准，以便更加理性地回答面试官的问题。

准备谈判策略。通过对比面试官给出的薪资范围和自己的心理预期，你可以准备一个合理的谈判策略。例如，你可以设定一个稍高于市场平均水平的期望薪资，这样既能显示自己的自信和价值，又为公司留有一定的谈判空间。

"避免直接出价"并不意味着逃避薪资问题，而是为了为自己争取更多的谈判空间。为了获得期望的薪资，在谈判过程中，应聘者应通过展示自己的实力和独特之处来吸引面试官（如图 10-12 所示），让面试官看到应聘者具备的价值，从而主动提出更高的薪资。

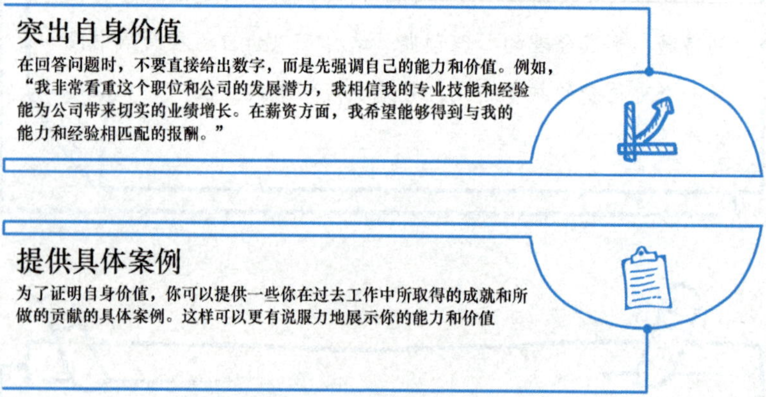

突出自身价值

在回答问题时，不要直接给出数字，而是先强调自己的能力和价值。例如，"我非常看重这个职位和公司的发展潜力，我相信我的专业技能和经验能为公司带来切实的业绩增长。在薪资方面，我希望能够得到与我的能力和经验相匹配的报酬。"

提供具体案例

为了证明自身价值，你可以提供一些你在过去工作中所取得的成就和所做的贡献的具体案例。这样可以更有说服力地展示你的能力和价值

图 10-12　薪资谈判的技巧

● 薪资类问题的应答脚本

一般，面试官提这类问题的考察目的是了解应聘者对自身价值和市场行情的了解，以及他们如何在薪资问题上与公司进行谈判，是否有充分的理由要求相应的薪资。因此，应聘者在回答这类问题时要展示对自身价值和市场行情的了解，自信、有说服力地强调自身价值。

以下列出了面试官常问的三个薪资类问题和对应的应答脚本。

应答脚本

在考虑期望薪资时，我需要了解更多关于这份工作的信息，例如，公司的薪资标准和福利待遇，以及这个职位的具体职责和要求。这些信息可以帮助我更好地评估自己的能力和价值，并制定一个合理的期望薪资。

"你对薪资有什么要求？"

应答脚本

我非常看重这个职位和公司的发展潜力，我相信我的专业技能和经验能为公司带来切实的业绩增长。在薪资方面，我希望能够得到与我的能力和经验相匹配的报酬。

我在进行市场调查时，发现类似职位的薪资通常包括基本工资、奖金、津贴等多个组成部分。我希望能了解贵公司的薪酬结构，以便更好地评估期望薪资的范围。

除了基本薪资，我也非常关注公司提供的福利和奖励制度，如员工培训、晋升机会、绩效奖金等。这些福利和奖励对我的职业发展同样重要。

我相信，通过双方的沟通，我们可以达成一个公平合理的薪资协议。同时，我也希望能够了解公司的薪酬调整机制和职业发展机会，以便更好地规划自己的职业发展。

"你认为自己为什么值得这个薪资？"

应答脚本

我认为自己值得这个薪资，主要有以下几个方面的原因。

首先，我在专业技能方面具备深厚的背景和丰富的经验。这些技能是在过去的工作中积累的，并且我已经成功地将它们应用到实际项目中，为公司带来了显著的价值。

其次，我有着良好的业绩表现和突出的工作成果。我始终追求卓越，并且在我的职业生涯中，我已经多次证明了我是一个能够高效完成任务并取得优秀成果的员工。

最后，我对自己的职业发展有着清晰的规划，并且愿意不断学习和成长。我深知薪资不是唯一吸引我的因素，我更注重的是与公司共同成长和发展的机会。我相信，通过与贵公司的合作，我可以进一步提升自己的能力和价值，同时为公司创造更大的价值。

我希望以上这些理由能够说明我为什么值得这个薪资。当然，我也非常愿意听取您的看法和建议，以便我们更好地沟通和相互理解。

13 问挑战：巧妙运用"PAR"模板

一些应聘者可能缺乏应对工作挑战的经验，或者没有经历过类似的情况。在这种情况下，他们可能会感到不自信或无法给出令人满意的回答。他们可能担心自己的回答会显得幼稚或缺乏深度，从而给面试官留下不好的印象。实际上，挑战类问题并不难，只要掌握了"PAR"模板就可以给出有深度的答案。

什么是挑战类问题

面试官提出的挑战类问题主要是询问应聘者在过去的工作或生活中所遇到的困难、挑战及如何应对和克服这些困难和挑战。

关于挑战常见的问题

"你在工作中遇到的最大的挑战是什么？你是如何解决的？"

"你是如何应对曾经遇到的最难的项目的？"

"你如何面对工作压力？"

"你在团队中面临过哪些困难？你是如何应对的？"

"你在应对工作挑战时有哪些方法和策略？"

巧妙运用"PAR"模板

面试官在面试中提出挑战类问题，如"你如何面对工作压力"或"你解决过哪些困难"，目的是了解应聘者的问题解决能力、抗压能力及应对挑战的能力和态度。

这个时候，应聘者就要清楚地描述遇到的难题，并阐述自己采取了哪些行动、最后取得了什么结果。这就是沟通中常用的"PAR"模板。

PAR，即问题（Problem，P）、行动（Action，A）和结果（Result，R），"PAR"模板是一种有效的回答框架（如图 10-13 所示）。

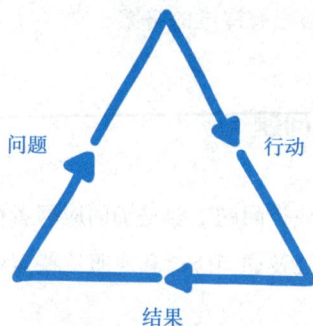

图 10-13　"PAR"模板

问题：清晰地描述你所面对的挑战或问题，可以是工作中的具体问题，也可以是个人发展中的难题。例如，你可以说"在工作中，我面临的最大挑战是如何在压力下保持高效的工作状态。"

行动：描述你采取了哪些行动来应对这个挑战。这可能包括你采取的具体措施、你的思考过程、你寻求的帮助等。例如，你可以说"为了应对这个挑战，我制定了详细的工作计划，并设定了明确的目标。"

结果：描述你的行动带来了什么样的结果。这可能包括你成功解决了什么问题、获得了哪些成就或收获等。例如，你可以说"通过这些行动，我成功地提高了我的工作效率。"

　　"PAR"模板可以帮助应聘者清晰、有条理地阐述自己面对挑战的经历、应对方式和结果，更好地展示自己解决问题的能力、抗压能力、成果导向思维和其他相关技能，从而增加面试官对应聘者的好感度和信心。

● 挑战类问题的应答脚本

　　一般，面试官询问这类问题的主要目的是了解应聘者在面对困难和挑战时的思考方式、解决问题的策略，在复杂情境中的决策能力以及在压力下工作的表现。

　　回答这类问题时，应聘者应重点向面试官展示专业能力、问题解决能力、抗压能力和积极应对挑战的态度。

　　以下列出了面试官常问的两个挑战类问题和对应的应答脚本。

　　"你是如何应对曾经遇到的最难的项目的？"

应答脚本

　　我曾遇到一个极具挑战性的项目。项目的目标是在极短的时间内完成一项复杂的系统开发工作，同时需要满足高标准的质量要求。（问题）

　　面对这一挑战，首先，我对项目进行了详细的分析，识别出关键的风险和难点。接着，我制定了详细的项目计划，并与团队成员紧密合作，确保每个阶段的目标都能按时达成。（行动）

　　经过团队的共同努力，我们不仅在规定的时间内完成了项目，而且达到了预期的质量标准。（结果）

"你在工作中遇到的最大的挑战是什么？你是如何解决的？"

应答脚本

在工作中，我遇到的最大挑战是如何在压力下保持高效的工作状态。（问题）为了应对这个挑战，我制定了详细的工作计划，并设定了明确的目标。同时，我通过定期的自我反思和寻求同事的建议，不断调整我的工作策略。（行动）通过这些行动，我成功地提高了我的工作效率。（结果）

14　问规划：划分阶段，适当包装

对一些初入职场或缺乏相关经验的应聘者来说，他们可能对规划类的问题不太熟悉，或者没有足够的知识和经验来给出有深度的回答。这可能导致他们在面试中感到不自信或紧张。然而，规划类问题并不是非常有挑战性的难题，只要掌握技巧，就可以轻松应对。

什么是规划类问题

面试官提出的规划类问题主要是询问应聘者对未来职业发展的规划和目标。这类问题通常与应聘者的职业规划、晋升计划、学习计划等方面有关。

> **关于规划常见的问题**
>
> "你对未来的职业发展有什么规划？"
>
> "你计划在未来几年内晋升到什么职位？"
>
> "你对这份工作的长远规划是什么？"
>
> "你计划如何在这份工作中实现自己的职业发展目标？"
>
> "你对未来的职业发展有哪些期望和要求？"

划分阶段，适当包装

面试官提出规划类问题旨在更全面地了解应聘者的职业目标、计划和发展潜力，以及他们与公司的契合程度。应聘者可以按照不同阶段向面试官阐述自己的规划，让面试官对应聘者的职业规划有全面的了解。

如何在回答规划类问题时划分阶段

短期阶段［1~3 年（不含）］：这个阶段可以强调职业定位、技能提升、职责与目标等内容。

中期阶段［3~5 年（不含）］：这个阶段可以强调提高专业水平、团队管理、关键项目等内容。

长期阶段［5 年及以上］：这个阶段可以强调高层管理、行业洞察与战略、个人品牌建设等内容。

在此基础上，你可以进一步强调职业生涯是一个持续学习和调整的过程，表示会根据市场的变化、公司的需求和个人发展，不断优化和调整自己的职业规划。

如何适当包装自己的工作规划

明确职业定位：清晰地描述自己的职业定位和目标，突出与应聘岗位相关的经验和技能。

突出长期目标：表明你对长远职业发展的规划和愿景，这不仅能显示出你的决心和视野，还能展示你的稳定性。

展现行业洞察：描述你对行业发展趋势的理解，以及对个人和公司未来发展的设想。

结合公司需求：了解公司的文化和价值观，将你的职业规划与公司的需求和发展方向相结合，展现出你对公司的重视和热情。

强调成果与贡献：描述你希望在工作中取得的成果和为团队 / 公司带来的价值，而非仅仅描述工作职责。

持续优化：强调你如何根据市场的变化、公司的需求和个人发展，不断优化和调整自己的职业规划。

规划类问题的应答脚本

一般，面试官提出这类问题旨在了解应聘者是否有明确的职业规划，以及其职业规划是否与公司的职业发展机会相匹配。因此，应聘者在回答时要清楚地表达自己的职业规划和目标，以及与公司的职业发展机会的匹配度。

以下列出了面试官常问的两个规划类问题和对应的应答脚本。

"你的职业规划是什么？"

应答脚本

我的职业规划可以分为三个阶段：短期、中期和长期。

首先，1~3 年（不含）的短期目标：深入了解行业和公司，掌握核心业务和流程；通过培训和学习，提升自己的专业技能；建立良好的人际关系，与团队成员建立紧密的合作关系。

其次，3~5 年（不含）的中期目标：承担更高级别的职责，如项目管理或团队领导；提升领导力和团队协作能力，以更高效地完成项目；寻求进一步的专业发展机会，如进修或获得相关证书。

最后，5 年及以上的长期目标：成为公司的核心团队成员，对公司的发展产生重要影响；拓展跨部门合作，促进公司内部资源的优化配置；寻求行业内的专业认证或荣誉，以提升个人价值。

"你对这份工作的长远规划是什么？"

应答脚本

对于这份工作，我的长远规划是分为三个阶段来逐步实现的。

第一阶段：融入与成长［1~3 年（不含）］。在这个阶段，我的主要目标是全面融入公司文化和团队，并熟练掌握工作所需的各项技能。我计划通过积极参与项目、不断学习和提升自己的能力，逐渐在公司内部建立起良好的信誉。

第二阶段：承担更多责任与应对更多挑战［3~5 年（不含）］。在这个阶段，我希望能够承担更多具有挑战性的工作，并逐渐在公司内部获得更高的地位。我计划通过主动承担更多的责任，不断提升自己的领导力和团队协作能力，为公司的发展做出更大的贡献。

第三阶段：实现个人与公司共同发展（5 年及以上）。在这个阶段，我的目标是实现个人与公司的共同发展，成为公司不可或缺的核心人才。我计划通过不断提升自己的专业素养和综合能力，为公司的发展提供更高层次的支持和服务。同时，我也希望在这个阶段能够积极参与公司的战略规划和决策过程，为公司未来的发展贡献更多的智慧和力量。

15　问加班：理解但不认同盲目加班

应聘者在面试时非常担忧面试官提出加班类问题。他们可能担心这是否意味着自己要牺牲个人时间满足工作需求，或者担心自己难以适应公司的加班文化，又或者担心经常加班会影响自己的身心健康。需要注意的是，这些担忧并不一定都是合理的或现实的。因为面试官提出加班类问题的目的不是一定要加班，而是考察应聘者对工作的态度。

那么，明确面试官的提问意图后，应聘者应如何回答关于加班的问题呢？

什么是加班类问题

面试官提出的加班类问题主要是询问应聘者对加班的看法和态度。这类问题通常与工作需求、工作时间、工作压力等方面有关。

> ### 关于加班常见的问题
>
> "你如何看待加班？"
>
> "你能否适应公司的工作时间和加班安排？"
>
> "你对工作压力有什么应对策略？"
>
> "你是否愿意加班以满足工作的需要？"

理解但不认同盲目加班

回答关于加班的问题是展示应聘者工作态度的重要机会。在回答关于加班的问题时，应聘者应该避免表达极端或偏激的看法，应当表示理解但不认同盲目加班。

一方面，通过表示理解公司的加班文化和要求及在面对紧急项目或者应对突发事件时可能需要加班的情况，来表达自己对工作的责任感和承诺，以及在必要时愿意付出额外的努力来确保工作高质量完成。

另一方面，强调自己的工作效率和工作质量，以及在工作中注重合理的时间管理和工作规划。也可以说明自己对加班的看法，认为只有在必要的情况下才应该加班，而且公司应该确保员工的身心健康和对工作和生活的平衡。

这样更能显示应聘者对工作的投入和职业素养，有助于在面试官心里留下良好印象。

加班类问题的应答脚本

一般，面试官重点想考察应聘者对加班的看法、对工作的态度。应聘者可以直接用"理解但不认同盲目加班"的观点作答。

以下列出了面试官常问的两个加班类问题和对应的应答脚本。

"你如何看待加班？"

应答脚本

首先，我理解加班在某些情况下是不可避免的，特别是在有紧急项目时或工作高峰期。在这种情况下，我愿意承担一定的加班责任，以确保项目的顺利进行和达到公司的期望。

然而，我并不认同盲目加班。我认为加班应该是有目的性的，能够带来实际的效益和价值。如果加班只是为了满足形式上的要求或者没有明确的目标，那么这样的加班可能会降低工作效率和影响员工士气。

最后，我认为高效的工作环境和良好的时间管理能够减少不必要的加班。我注重提高自己的工作效率，尽量在规定的工作时间内完成分配给我的任务。当然，如果有紧急情况或特殊需要，我也愿意主动加班。

"你是否愿意加班以满足工作的需要？"

应答脚本

　　我想表达我对工作的热情和投入，我理解有时候为了满足项目需求或应对紧急情况，可能需要加班。然而，我并不认同将加班作为常态或长期的工作方式。

　　我认为，高效的工作方法和良好的时间管理可以在很大程度上避免不必要的加班。在我过去的工作经历中，我一直致力于提高工作效率，确保在正常工作时间内完成任务。

　　当然，如果有特殊情况或紧急需求，我愿意付出额外的工作时间来确保任务的完成。但我希望这是例外而非常规，并且公司会提供相应的补偿和调休安排。

　　总的来说，我理解加班的必要性，但更希望通过高效的工作方法和合理的时间管理来避免不必要的加班。

16　问入职：表达入职意愿，明确入职时间

　　在面试的最后阶段，面试官通常会问一句"你什么时候可以入职"，而应聘者普遍给出的答案是"随时入职"，这并不是一个聪明的答案。

　　"什么时候能入职"这是每个面试官都会问的问题，值得一提的是，这是个利好消息，因为当面试官问到这个问题时，基本上就确定应聘者被录取了。所以这个时候，其实应聘者掌握了主导权，回答好

这个问题会帮助应聘者更加顺利地入职。

什么是入职类问题

　　面试官提出的入职类问题主要是询问应聘者对入职的期望、时间安排和准备等。这类问题通常与应聘者的职业规划、工作安排、个人情况等方面有关。

关于入职常见的问题

"你大概什么时候可以入职？"

"你对入职的时间有什么期望？"

"你对工作的前期准备和安排有什么想法？"

"你是否能够尽快入职？"

"你认为自己已经做好了入职的准备吗？"

表达入职意愿，明确入职时间

　　面试官在最后的关键时刻提出与入职相关的问题，是想进一步考察应聘者的入职决心及入职的稳定性。因此，在最后的关键时刻，回答这类关键问题时，应聘者要表达入职意愿，明确入职时间。

表达入职意愿，但不可表现得过于迫切

应聘者要展现出对这份工作的浓厚兴趣和强烈的入职意愿，让面试官感受到应聘者非常希望得到这个机会。

虽然要表达强烈的意愿，但不要给人留下过于迫切的印象。这个时候保持冷静和专业的态度是关键。

明确入职时间，确认入职细节

在表达入职意愿的同时，应聘者可以提供自己入职的具体时间。这可以是一个确切的日期或时间段，让面试官了解应聘者的准备情况。

如果面试官要求的入职时间与自己的计划有冲突，应聘者可以委婉地表达自己的困难，并表示自己可以尽量协调。同时，可以询问面试官是否可以协商或等待一段时间。

在确定入职时间后，应聘者应该与 HR 确认入职的细节，如报到日期、工作地点、工作时间等。这样可以确保双方对入职安排有明确的共识。

需要注意的是，在表达入职意愿和明确入职时间时，应聘者要确保相关信息与自己的实际情况相符，并且态度要真诚和积极；同时，也要尊重公司的文化和规定，不要过于强硬或过于追求个人利益。

在确定入职时间后，应聘者还应该与 HR 保持沟通，及时告知离职进展和调整入职时间的可能性。

入职类问题的应答脚本

一般，面试官提这类问题旨在了解应聘者对入职的准备情况和对职业规划的考虑，了解应聘者是否具备足够的技能、经验和心态来适应新工作。应聘者回答问题时要清晰地表达对入职时间的考虑，避免含糊不清式回答，以及要强调自己对新工作准备充分，表明自己具备适应新环境、迎接新挑战的心态。

以下列出了面试官常问的两个入职类问题和对应的应答脚本。

"你大概什么时候可以入职？"

应答脚本

如果公司同意的话，我可以在下周 ×（或具体日期）入职。在这之前，我会做好充分的准备，确保能够顺利地开始工作。当然，如果公司需要我等待一段时间，我也会耐心等待，并积极做好准备工作。

"你认为你已经做好了入职的准备吗？"

应答脚本

我已经做好了入职的准备。我对这份工作非常感兴趣，并且相信我的专业技能和经验能够为公司作出贡献。我已经安排好了我的时间和计划，确保能够按时入职并全身心地投入工作中。

我希望能够尽快融入公司，并为公司的未来发展贡献自己的力量。